创建信任

高效能商业领导者的秘密武器

[美] 步春歌 著

谢真真 邹晗霆 粟之敦 译

TRUST

THE SECRET WEAPON OF
EFFECTIVE BUSINESS LEADERS

上海社会科学院出版社

献给我的丈夫扎克(Zach)，为了他的爱、鼓励和耐心。

献给雷切尔(Rachel)、凯茜(Keith)、马修(Matthew)、

布莱恩(Bryan)、马克思(Max)和奥利维亚(Olivia)。

目　录

前　言

　　当今，关于公司 CEO 及高层管理团队的不良行为和贪得无厌的新闻报道，随处可见。尽管与我本人经常合作的商界人士同媒体刻画的丑恶高管大不相同，但可以肯定有关高管渎职的报道已经造成了一定的影响。公众对商界的信任降到极低水平，CEO 的任期不断缩水，全球的企业成为受到质疑最多的机构。

　　与此同时，我看到一些媒体未曾报道的事情正在商界发生。建立信任关系、职业道德、责任，这些曾被商界人士视作软管理的技术，进入高层管理者的脑海，成为高效领导力的基石。在这个企业利益相关方拥有强大力量、信息流动速度堪比闪电的时代，专制的头领不再能够成功，他们的命令—控制风格传递的信息是规则比创新重要，来自基层的想法不可能得到重视。如今，高管工作的世界比以往透明得多，他们的每一个举动都受到严格的审查，领导力经常受到考验。在这个即时通讯的新世界，许多群体都对企业做法的好坏发表鲜明的意见。每一个利益相关方——投资者、员工、客户、决策者以及非政府组织（NGO）——公开、挑衅地表达他们的想法，经常刻意让企业负责人难堪。这给正常的商业节奏增添了一些波动性。短期的绩效缺陷被放大，错误的行为被广而告知，只要发生困难，立即就有强大的压力要求公布和报道。

新的环境也为那些能够赢得利益相关方信任的领导者创造了一个机遇。作为全球最大的独立公关公司之一罗德公关（Ruder Finn Inc.）的CEO，我曾与众多成功的CEO共事。他们明白，信任能够带来成功。通过观察，我认识到，CEO行为的某些特征能够很好地说明为什么有些高管会经常带领公司取得惊人的成功。我逐渐理解到，这些特征能够适用于各种组织的领导者，无论他是企业的CEO、非盈利组织的高管、政治家，还是区域总裁，甚至只是一位刚刚开始职业生涯的雄心勃勃的年轻人。这些能够带来信任的特质不是天生的，而是后天培养的。任何一位希望工作更加高效的高管都可以学习和巩固这些特质。尽管本书中涉及的领导者均为企业CEO，但这些经验教训对任何形式组织的负责人都行之有效。

大多数企业领导者既不是英雄，也不是恶棍。他们只是一些希望尽可能做到最好的领导者。然而，有些杰出的领导者能够应对任何问题，力量逐渐强大。这些领导者在看待自己的工作时采用了一种与众不同的战略视角，一种植根于当今快速变化的信息环境的视角。他们不会因为琐事终日缠身而烦恼。相反，他们的领导力遵循内心的信念和长期的愿景，这些与他们的人格相契合，因而是真实的。他们认真考虑对公司利益相关方而言真正重要的事情，因此，他们建立了更强大的企业，能够长期在市场中获利。在某种意义上，他们是胆大包天的，他们相信自己，相信利益相关方会允许自己在任职早期确定路线，并在之后支持自己。这些领导者能教会我们怎样在不断增加的挑战面前生存和发展。他们把独立思考提到一个全新的高度，不会让外部压力、短期结果或华尔街的要求打乱自己的计划。他们的动力不是薪酬。尽管一些媒体正在大肆渲染CEO的薪酬，但最成功的企业领导者不是靠金钱激励的。获得更多的金钱与驱动我们在生命中做更有用的事情，并无多大关联。通过激励公司不断达到新的成功高度和履行对各个群体的责任，最成功的领导者实现了自己的目标。

人们在讨论我们这个时代到底需要个人魅力四射的CEO，还是低调行事的 CEO。但这个问题并不恰当。我们所有人都工作在一个全面曝光的世界，商业领导者必须做到公开透明。成功领导者能为公司带来最大的价值，他们的决策往往不是基于短期的财务目标，而是长期恪守的价值观。他们在关键的利益相关方中建立了充分的信任，因为他们敏锐地知道公司乃至整个世界的长期利益是什么。

某些利益相关方在发现公司领导者的价值观与自身相悖之后，也许会离开公司，或者成为攻击力强的批评家。然而，我们大多数人拥有某些共同的理念，比如清洁的环境、儿童的安全成长、医治病痛，以及基本人权的重要性等。这些信念能够指导我们的行动，辅佐我们的领导风格。

如果认为任何领导者都能在没有财务绩效情况下取得长期成功，那纯属天真。然而，结果导向只是取得成功的动力之一。我相信，如果一个领导者能够理解他们对利益相关方的职责不仅仅是营业额和高利润，他就能够在众多同行中脱颖而出，在必定会困扰每家企业的重重陷阱之间航行时，不断获得更多的合作和支持。

本书展示了数位最优秀的企业领导者建立信任的做法。在向成功进发或保持优势时，我们没有必要将它们统统付诸实践，或者将其中的一种发挥到极致。更可行的做法是，实施一个策略和责任的组合，以加强联系，取得信任。这些实例或给人启迪，或予以警示，或两者皆有。无论如何，它们都展示了在处理艰难问题时维持信任的新方式。

本书涉及的一些领导者是我数年来的客户。也有一些是因撰写此书我首次会面的领导者。我希望他们都能够提供一些关于高层经理如何处理艰巨挑战的见解。

遵循本书中列出的各项策略，并不意味你就不会陷入困难，也不意味着你穿上了防弹衣，永远不会丢掉工作。它也不意味着作为《纽约时报》或者英国石油集团（BP）执行官的你不会受到批评。每家公司都要经历高潮和低谷，每个人也都会犯错。我与全球公司高管合作的经验揭示了成功的一个共同特性：关注与利益相关方建立和维持信任的领导者，将拥有更多获得灵活性的机会，满足完成战略、绩效和个人目标之需要。

第一章　获得信任是成功之必要

伟大的代价是责任。

——温斯顿·丘吉尔

大型跨国公司诺华制药,把每年销售额(2005 年为 6.96 亿美元)的 2% 以上用于医药普惠项目。该项目把药品分发给全世界有需要的人,使得 550 万以上的麻风病患者和 300 多万疟疾患者康复,并给 50 多万肺炎患者提供了免费治疗。"作为领导者,我们有责任通过行动做出表率,"诺华 CEO 丹尼尔·魏思乐如是说。

丹尼斯·科兹洛夫斯基(Dennis Koslowski)在一片质疑声中离开泰科国际(Tyco International)。艾德·布里恩随后接任成为公司主席和 CEO,但投资方对其持观望态度。如果布里恩没有立即推行一项扎实的百日计划,他们的耐心不会持续很久。

布里恩告知投资方,他将:

1. 坚守诚信;

2. 致力强健的公司治理;

3. 专注客户满意度;

4. 加强分公司的领导力;

5. 致力为员工创造积极的环境。

布里恩用行动兑现了这些目标。在履职一百天内，他解散了董事会，雇佣了一位企业治理高级副总裁，重建高层的报告系统，制定新的经营计划，公司全面采用六西格玛管理。所带来的成果是一个全新的企业文化和一份重构的内部信任。这正是华尔街认同并通常奖励的那种积极行动。

2000 年，当安妮·马尔卡希（Anne Mulcathy）成为施乐总裁时，公司正面临着一场流动性危机。她大胆宣布，施乐"过去的商业模式是不可持续的"，必须进行彻底的转变。施乐的股票价格几乎应声下滑了 26％。但是，马尔卡希认为，在驱动变革时，她最重要的工作就是坦诚地将施乐面临的情况告知公司内外。她明白形势紧迫，需要调动施乐员工的积极性。她在 12 个月内跋涉 10 万英里，就自己为公司规划的新发展方向，与各地员工进行交谈。2000 年 12 月到 2006 年 2 月，施乐公司的股价翻了 3 倍。

1997 年，在斯坦福大学商学院，BP 集团 CEO 约翰·布朗勋爵（Sir John Browne）面对听众席上的同事承诺：要在 5 年内减少 10％的二氧化碳排放，以应对全球变暖。当时，商界以及其他的领先石油公司尚未认可全球变暖的严重性。很快，BP 在广告宣传中采用了新的太阳花标志，以表明通常意义上的石油业务已经成为 BP 的历史。布朗勋爵开始赢得发言权，不再一味接受其他批评家的挑战。

这四位 CEO 各有千秋，我们将用下文进行详细讨论。但他们有一个共同特点：把赢得利益相关方的信任作为构筑公司的基石。先前的国际商业不乏这样的领导者，他们现在再次返回前沿。

在几年前，大多数企业领导者都是英雄形象，被媒体、电视和会议奉为名人，连零利润公司的领导者也被看作是智慧与启蒙的源泉。今非昔比。随着世界通讯公司（WorldCom）、艾德尔菲（Adelphia）、泰科、安然等公司的高层受到起诉和审判，来自企业的最好消息都会受到严厉质疑。

企业决策遭到四面八方的质疑,有来自国会的,也有来自市政厅的,有来自企业年会的,也有来自博客的。股东们希望公司使出浑身解数获得高利润,也日益频繁地审查数据,并对背后的真相不断提出疑问。最近的企业丑闻使他们明白,自己也有可能被愚弄。

一撮公司高层的罪行贬损了 CEO 这个职位本身,并给所有的高层领导者增加了压力。他们早先工作中所依赖的声誉和尊敬由于信任缺失被消磨殆尽。所有的公司都饱尝这种不良行为引起的苦果。根据 2004 年的盖洛普民意测验,只有约 20% 的美国民众将企业高层的诚实度评为"高"或"很高",只有律师和汽车销售人员受到的评价比之更低。

企业得到的评价同样很低。国际调查公司环球扫描(Globescan Inc.)的调查结果显示,全球人口中只有 38% 相信跨国公司的运营能够为社会谋利,与之形成对比的是,68% 的人认为非政府组织,即非盈利组织,能够为社会谋利。显而易见,人们认为企业领导者在工作中缺乏稳健的价值观。

你如何评价以下职业人的诚实性和道德标准?[1]
说"高"或"很高"的百分比

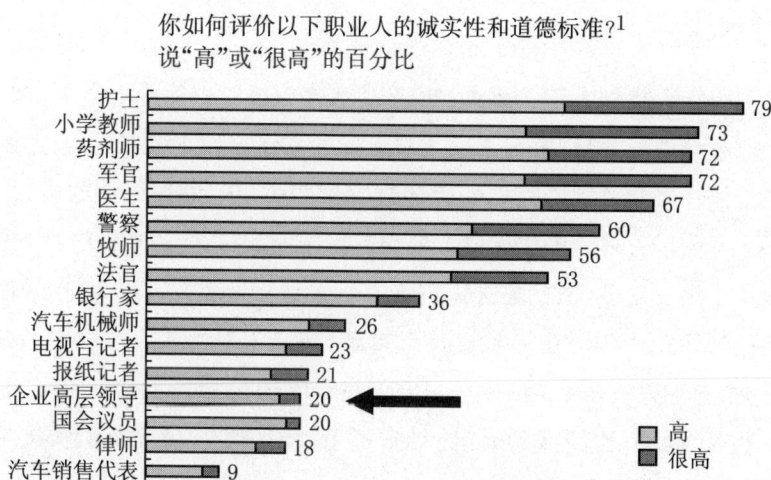

职业	百分比
护士	79
小学教师	73
药剂师	72
军官	72
医生	67
警察	60
牧师	56
法官	53
银行家	36
汽车机械师	26
电视台记者	23
报纸记者	21
企业高层领导	20
国会议员	20
律师	18
汽车销售代表	9

□ 高
■ 很高

1. 基于从 1999 年开始的数据
资料来源:US Gallup Poll, November 2004

图 1.1 对商业领导者缺乏信任

图 1.2 "现在我正处于核心价值观之间"

信誉缺失

如果一个领导者苦于无法找到合作者来完成对企业成功至关重要的任务,那么这往往可以归咎于一个或几个重要的利益相关方已经对他产生了不信任。无需犯下安然和美国国际集团(AIG)那种级别的错误,企业领导者的信誉就会消失。一个显而易见的例子是,当一位 CEO 对华尔街的承诺无法兑现,他就失去了信任。一个夸大其实的广告宣传也有着同样的破坏力。公司在形象宣传中打着"员工是我们最宝贵资产"的旗号,却实施大规模裁员,那么它的主张很难在未被裁掉的员工中产生共鸣。造成的后果是,当 CEO 再次请求员工做出牺牲或者需要团队共同努力时,他很难达到目的。

建立信任的难度变得比以往更大,主要是由于一些企业高层疏于向利益相关方兑现责任的例子尽人皆知。目光短浅、贪得无厌、道德缺失的行为及其带来的信任危机,已经在全球范围内很大程度上影响了企业领导者的工作能力。

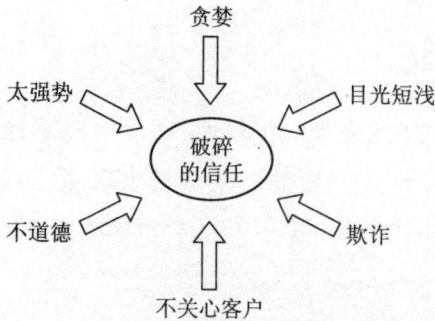

图 1.3 信任危机

工作保障

随着社会对企业领导者的态度发生新的转变,CEO 的提前离职不再是一个意外,而且成为业内的法则。现在,世界上的 CEO 只能在职位上任期三年,新任 CEO 中有 40% 将在 18 个月内丢掉他们的职位。根据人力资源顾问公司德雷克比姆-莫林(Drake, Beam & Morin)最近的一项研究,1985 年后任职的 CEO 遭解雇的概率是 1985 年之前任职的 CEO 的 3 倍。全球只有四分之一企业的 CEO 是 20 世纪 90 年代上任的,有一半(51%)的 CEO 任期短于 3 年,72% 的任期短于 5 年。只有 20% 的 CEO 保住职位 10 年或更长。2006 年初,道琼斯工业指数的 30 家公司中有 8 家任命了新 CEO。

《华尔街日报》把一批处在权力中心的 CEO 在 2005 年的下台形象地比作 1989 年柏林墙的倒塌。美国证监会前主席亚瑟·莱维特(Arthur Levitt)把这场在最高执行官层次出现的变化称为"巨大的文化变革"。他把责任完全归咎于高层,认为"加速造成上个月这场前所未有的董事会变动和 100 多名 CEO 大换血的催化剂不过是当事人的狂妄自大"。

CEO 的生存之道

CEO 怎样才能在如此动荡的环境中生存？简单地说，要靠保持股东价值稳定。股东价值由公司的股票价格来衡量。博思艾伦咨询公司 2004 年的 CEO 继任报告表明，CEO 丢掉饭碗的主要原因不是职业道德，不是法律问题，也不是权力斗争，而是由于业绩不佳。

乍看之下，这显而易见。一位 CEO 的声誉总是以他的创造稳健财务绩效的能力为基础。这就是为什么在传统上 CEO 首先得是财务经理人，这也是为什么像利润、竞争力和成本等指标在众多领导者的头脑中占据了如此大的空间。来自华尔街的压力加重了这种倾向。市场总是支持能实现季度目标的公司，惩罚未能达标的公司。我们已经领教了利润稍低于预期目标时，华尔街做出的残酷回应。随着对冲基金控制交易资产的比例增大，这种趋势更加明显。难怪有时企业领导者采取短期措施临时提高业绩，如出售资产或者轻率接受订单。

但是这种策略有一个致命的漏洞。的确，对于担负利润中心责任的 CEO 来讲，保住职位最显而易见的办法就是确保公司或部门能够达到短期目标。但是，问题在于没有哪家公司的股票价格能够一路飞升，永不回落。每家公司都要经历业绩涨跌的商业周期。

真是几家欢喜几家愁。我们进入了一个新的时代，财务业绩不再是决定 CEO 任期的唯一标准。在这个新环境下，财务依然重要，但它只是衡量领导成功与否的标准之一。仅仅让股票大涨或公布喜人年报已经不够了。如今这些仅仅是精明的利益相关方衡量公司的部分标准。从长远来看，公司领导者只有让各个利益相关方相信，他是指引和驱动公司走在正确道路上的那个人，他才能平安度过不可避免的财务动荡。成功的一个指示器是赢得他人信任的能力。

价值观问题

企业社会责任已经日益成为一个热议的话题，甚至都有了专门的缩略词 CSR。然而很多企业领导者仍然认为，企业社会责任只不过是门饰——看起来很美，但是和短期利益相比无足轻重。当经济疲软或利润下降时，这些领导者倾向于把企业社会责任的相关项目取消。这种朝三暮四的行为会对信任造成破坏，即使那些一贯只关注财务绩效的股东也会心生怀疑。利益相关方希望一家企业的领导层拥有坚定的价值理念，不仅如此，种种迹象表明，企业的财务业绩与企业社会责任表现息息相关（在第二章详述）。

本·海涅曼是通用电气公司繁荣的杰克·韦尔奇（Jack Welch）时代的副总裁，他负责公司的法律和公共事务。他说："当今企业的真正目标是高绩效和高诚信。最关键的在于怎样把这两个元素有机结合，融入你的系统和流程。接着是，怎样创建一种文化，使人们遵守法律和公司采用的道德规范，不仅是因为害怕违规受到惩罚，而且是因为人们内心想要这样做。符合道德规范的行为必须内化。"（与作者的讨论，2006 年 2 月）

价值观与利润

企业可以奉行以价值观为基础的企业战略并得到发展，这样的例子屡见不鲜。诺华医药公司主席兼 CEO 丹尼尔·魏思乐认为，诺华不俗的财务表现是"做好事的结果"。魏思乐坚决主张将企业社会责任作为公司商业计划的一部分。他认为诺华公司的核心价值观应该是"开发创新药品，减少伤痛疾病"，企业的目标不是发展市场需求有限的有销路的仿制药品。

魏思乐表示，不追求利益最大化的观念不一定会造成效益不佳。事实上，将这种个人价值观系统融入实践，使之成为企业的目标，能够进一步提升公司的财务绩效,从而在众多竞争者中脱颖而出。"这听起来是老生常谈",魏思乐说,"但我确实相信,赢得股东信任的能力最终不在于你是否达到了季度目标,而在于你是一个怎样的人,有着怎样的人生准则,以及怎样付诸行动。"

图 1.4 "某日我们将回忆起这些,并对陪审团撒谎。"

一套强大的价值观体系会让批评家折服

多数批评家非常在意你的公司采取了哪些行动。他们也许能提出具体的反对理由。由于当今世界的信息交流在十亿分之一秒内就能完成,这些批评家能够在最快的时间内把负面信息传递给员工、客户、华尔街以及企业的其他利益相关方。他们也能以同样的速度传递正面的信息。明智的领导者不会反抗或者逃避批评者。恰恰相反,他们会邀请这些批评家进行双向沟通。要开诚布公,并承诺作出改变,让权威的批评家意识到你在认真考虑他们关心的问题。他们一旦意识到这一点，便会出奇地安静许多，甚至帮你进行一些正面的宣传。正确的方式是先与最具影响力的权威人士进行对话。要记住批评你的人有可能来自其他任何利益相关方，包括投资商、员工、客户，或者非政府组织。他们之间有着内在的联系。

研究用户在博客上对公司的看法可以让你学到很多。派代表参加重要的非政府组织举行的会议，邀请权威批评家进行私人会谈。在会谈时，要避免自我开脱之词。不要试图为自己的行为找理由，而是注意听取对方的意见。尽最大的努力理解他们的反对意见和目的。有时你会先入为主，认为他们的目标太不切合实际。但你应该发现与对方的共同点，影响他们为你们共同的目标而努力。万一你无法做到这些，你必须保证你们的会谈能求同存异（也许第一次会谈无法达到这一点）。与他们保持联系，让他们知道你在努力解决他们关心的问题。你永远不会知道什么时候会有一个行动改变他们的想法。

创建真正的领导力品牌

真正的领导力超越了业内流行的"声誉管理"的概念。多数公司拥有庞大的谋略团队，他们绞尽脑汁，为公司树立市场青睐的形象。但是，要成为一名备受信任的CEO，需要在这种形象或者声誉背后建立坚实基础。就算是顾问奇才，也难以为你建立与现实背道而驰的外在形象。领导者的思想与他们所追求的声誉不可能是脱节的。CEO们正受到史上最严厉的审视，所以他们必须始终如一，保持真诚。成群结队的批评家和活动家都在观察着，所以你的言辞，不论是面向公众还是在私人场合，都必须如实反映你的领导力现状和公司目前的情况，否则就会授人以柄。魏思乐在诺华公司和布朗勋爵在BP集团提出的价值观之所以深得利益相关方拥护，是因为这两位都真正信仰他们为自己以及公司所设定的道路。

伟大的领导者能够在利益相关方的心中树立信任。成功企业的领导者坦然地迅速迎接挑战,人们也相信他们正在做正确的事情。有一些强大的公司是同行艳羡的对象,几乎从未在竞争中落败。同时,这些公司的领导者居于高位的时间也最长久。促成信任的因素不仅包括优异的财务绩效,更需要透明、道德,以及倾听批评者的意见。少说多听已经成为老生常谈,但是你有没有真正地实践过呢? 投资者、员工、客户和批评家拥有对你大有裨益的丰富信息。你的任务就是让沟通机能发挥最大的作用。如果你不能获得坦诚、丰富的反馈,就需要反省自己过去对待"坏消息"的态度。也许你已经让你的利益相关方,尤其是员工们相信,带来"坏消息"的人没有好下场。还有的可能是,你现有的信息搜集系统不能收集正确的信息,或者不能把这些信息成功传递给能够高效利用它们的人。找出沟通的瓶颈所在,你才能着手解决问题。

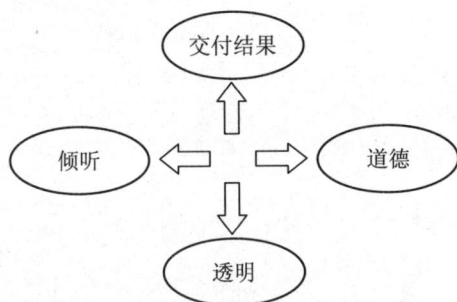

图 1.5　信任的驱动力

领导者建立和利用信任的特殊方法,能够为公司以及 CEO 本身树立积极的形象。受人信任的领导者的最重要特征是采用真正符合他们个性与热情的领导风格。媒体往往将公司的成败与个人联系在一起,将焦点集中在公司领导者身上。CEO 的人格和信仰是在公司领导体系中建立信任的最关键因素。人们更容易对个人而不是对组织做出反应,形成观念。因此,领导者品牌显得愈加重要,更需要进行积极的管理。

领导者品牌恰似每一位企业领导者穿的一件外衣。就像产品品牌一样，每个领导者的品牌也可以用几个词语概括，如"大胆、创新"，"友好、和善"，"冷酷、贪婪"等。CEO们通常会听到这样的建议：为了树立个人声誉必须装点企业门面。但是，一个领导者品牌必须以领导者的真正价值观为基础，必须由内而外而不是由外而内地建立。它无法被安置在某个人身上。对于领导者长远的成功来讲，领导者品牌必须以领导者个人的核心价值观为基础。

组织是一张内外交错的关系网。企业领导者在这张网上快速移动，在需要时及时转向，遇见问题时驻足顿步。然而，如果公司高层只是空有光鲜外表，这张关系网不可能发挥作用。只有当你的领导力遵从你的信仰时，这张网才能工作，公司才有希望得到或者重获关键利益相关方的信任。

最重要的不是你信仰什么，而是你的信仰是否真实，你是否能够开诚布公地与他人交流这种信仰。就算是在同一个行业，领导者也能建立具有同样效果的不同领导者品牌。先审视内心，理解自己的人格特点，然后积极采取行动，建立一个从你的人格、经验和你所追逐的战略上自然长出的领导者品牌。打造个人领导品牌需要深刻思考你的人格和信仰怎样能在公司这个背景中得到最好的表达。一个有益的解决方法是，思考在自由状况下，你会怎样表达自己。不要试图模仿你的前任，即使他声名卓著，成就非凡。通用电气公司CEO杰夫·伊梅尔特的巨大成功并不是靠单纯模仿杰克·韦尔奇获得的。他对自己的人格有明确的定位，从而建立了属于自己的CEO品牌。

一些观察家指出，先前具有超凡魅力的CEO正在被行事低调内敛的领导者替代。但是，我认为无论哪种人格类型都可以获得成功，因为真诚是培养信任的唯一决定因素。真诚并不意味着成为一个好好先生。强硬地对待批评家也可能带来信任，特别是在显示出对其他利益相关方支持的时候。

有些时候，公司董事会会特意寻找一名性格不同于前任的领导者。

惠普公司董事会出人意料地将上镜率高、富于个人魅力的原 CEO 卡莉·菲奥里纳(Carly Fiorina)"开除"之后,雇佣了行事低调、不爱抛头露面的马克·赫德(Mark Hurd)。与之形成对比的是,苹果电脑公司踟蹰许久,将原 CEO 和创始人、美国商界最具活力的领导者之一史蒂夫·乔布斯重新请回公司。决定成败的关键因素不是性格,而是 CEO 的领导价值观以及他是否在自己的所有职责中切实执行他的领导价值观。

建立起一种结合人格与信仰的领导者品牌之后,你的下一项任务是将这种领导模式融入自己的公司。将价值观和行为原则灌输到一家公司是一个动态持续的过程。你永远不要认为你已经完成任务了。通过与每个利益相关方沟通你的价值观,通过自己的行动,你把一种工作方式持续注入你的公司。

图 1.6 发展一个真实领导者品牌

一张交互信息网

对于不同的利益相关方,能够获得信任的行动是不同的,但这些行动有一个共同点,即都有加强联系的愿望。不要认为沟通是一个从企业到利益相关方的单向过程,沟通应该像一张交互的信息网。对外沟通可以通过公司的信息和形象,也可以通过领导者品牌的行动。

在充满革命性力量的互联网时代,这张信息网上的每一部分分分秒秒都在进行交流。要想在新环境下加强信任,你需要密切关注每一位利益相关方,从他们那里获得信息。能够出色地获得利益相关方信任的公司会协调其各个利益相关方之间的沟通,比如帮助员工为他们的社区出力,支持消费者组织或者非政府组织,与监管部门合作。

共同特点

　　除了建立起真诚的领导者品牌，成功的领导者还需要采取一些其他关键行动，以在利益相关方中培养信任。通过观察在当今风云变幻中屹立不倒的成功公司的领导者，我发现他们都拥有一个共同特点：他们避开领导者容易陷入的误区，同时无论年景好坏，他们都能进行高效的工作。这些领导者从不放弃自我，却能在必要时舍弃小我。他们明白，有些时候自己要背黑锅，为公司的利益作出牺牲。在这个即时通信和充斥着激进的华尔街分析家的年代，事后的评论总是出其不意地到来，但是有头脑的领导者已经为之做好了准备。他们找到了各种方法持续沟通这样一个思想：成功是一个耗时耗力的渐进式过程。对于他们来讲，正确方向上的小小改进措施，都意味着值得珍惜和欢庆的进步。

　　自萨班斯-奥克斯利法案颁布以来，一个不遵守严格公司治理标准的CEO，不仅会名誉扫地，丢掉工作，还会触犯法律。但在当今环境下，仅仅遵守法律已经不够了。人类有很多天生的弱点，因此公司及其最高管理层必须全面执行针对个人和公司的行为准则。受到信任的领导者会确保他们的努力超越了法律的要求，给公司灌输行为的准则，并以身作则，严格遵守。

诚实

　　成功的CEO不会遮掩问题。他们不会推卸责任，不会任由问题变得更加复杂。相反，他们像一个干练的挚友一样作出回应，与他们没有经济和政治上的利害关系时的做法一致。他们不会反应迟钝，以求减少公司的尴尬，因为他们明白，尴尬迟早会到来，不是现在，就是稍后——等到肮脏的真相不可避免地被揭露。他们不会局限于听从律师的建议。问题出现时，采取一种公开坚定的态度能将影响消除到最小。不遵守这个原则往往会造成严重的后果。

成功的领导者保持公开透明,不是由于他们害怕人们发现问题,而是他们坚信,真诚能够最大程度地减小坏消息造成的后果。所以,选择合适的时间和方式,袒露自己吧。在问题出现后尽早、尽全面地承认问题。告诉人们问题比之前想像的要多,戳破他们的希望,这并不容易。但是,如果不及时公布真相,你的领导力将失去信任。

在一个流言与真相能在 24 小时甚至更短的时间传遍全球的时代,领导者们最好能确保他们与最重要的利益相关方的联系通畅,沟通便捷。与各个利益群体沟通时,不要作出过多的承诺,而是与他们分享所有的好消息和坏消息。一个重要原则是不撒谎,不欺骗股东,不欺骗员工,不欺骗反对你的特殊利益群体。面对不想回答的问题时,最适当的回应是"无可奉告",而不是谎言。最重要的是,不要欺骗自己。

勇气

以个人的名义公开承担责任需要勇气。你个人以及你的公司都会犯错误。如果一定要追究责任,最明智的领导者会选择承担责任,采取一系列措施解决隐藏在抱怨声背后的问题。接受指责与作出改变是快速、有效弥补不足的唯一正确方法。不幸的是,能够真正采取这种方法的企业很少。那些带来坏消息的人往往会被解雇或者起诉(甚至两种情况同时发生),而不是得到赞扬或关注。但是,这些人才是你最好的朋友。你要把他们当成最专一、最忠诚的朋友来对待。毕竟,是他们在为你的公司利益着想,冒着风险,让你看到哪些地方需要改进。

要勇于摒弃陈旧的商业模式,开辟新的发展道路,尽管这样做你可能会招致利益相关方的愤怒。你很难预测什么时候公司的发展道路会进行大刀阔斧的改革。一个大胆的举动会在公司内外引发质疑的声音,然而坚定的愿景、明确的价值观和目标能够维持公司的稳定,并成为公司走向成功之长路上的动力。

利益相关方

CEO 们必须采取行动获得越来越多的利益相关方的信任。近年来,每个利益相关方的力量都在增长。互联网给予了他们强大的力量,他们也相信自由市场的放任运营不一定总是给公司和环境带来好结果。为了赢得信任,需要把每个利益相关方视为一个个体,根据各方的特点区别对待。

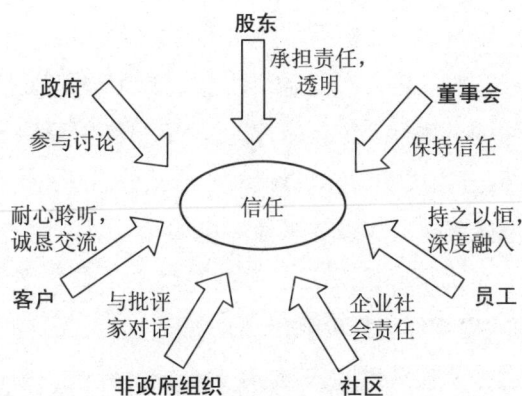

图 1.7 利益相关方的信任

能够通过信任的力量进行影响的利益相关方包括:

- 股东与董事会
- 员工
- 客户
- 政策制定者
- 非政府组织
- 公司所在的社区

1. 股东与董事会:信息公开,保持信任

股东正变得越来越具有主动性。他们相信自己有权对公司的管理施压,有时候会越过投资和管理之间的传统界限,试图对公司战略和运营施加影响。他们使用新闻渠道将自己的要求公开化。他们的故事往往会登上头条,由此降低了公司管理层的可信度。同时,过去被认为是 CEO 职能延展的董事会现在成了监督 CEO 业绩的独立实体。为确保董事会与管理部门协调一致,即时的信息流和公司战略研讨成为必需。时代华纳董事长兼 CEO 理查德·帕森(Richard Parson)能在董事会的支持下击退企业狙击手卡尔·伊坎(Carl Icahn)就是一个例子。伊坎要求公司进行重组和资产分拆,变更管理层,以迅速提高股票价格。显然,帕森和他的董事会站在了同一条战线上。

没有什么比意料之外更能撼动华尔街的信任。相反,信守承诺、公开透明对保持投资方的信任大有助益。诚恳开放地与股东和分析家沟通能够鼓励他们对你的公司采取公正的态度。不要低估董事会成员的重要性,要与他们共同分担成功与挫折,这样才能让他们站在你的身旁。直接对话必须从高层做起,CEO 或者其他高层领导要及时沟通信息,不论好坏。报喜不报忧在这个呼唤公开透明的时代不是长久之计。坏事传千里,而且传播的速度比你想的要快得多。

维持信任意味着管理预期,避免夸大公司的经营业绩。人们终于理解,在严格监管的环境下,金融欺诈是一种极端危险的行为。可喜的是,越来越多的领导者躲开短期目标业绩的束缚,并且未受到惩罚。前进保险公司 CEO 格伦·仑威克(Glenn Renwick)是首位废止发布季度收益预期的 CEO 之一,他用每月向华尔街报告实际收益取代之。仑威克表示:"以这种方式经营公司才更简单有效。一旦进行透明的报告,我们就不会刻意和别家的数字比高低。"

2. 员工:持之以恒,深度融入

许多陷入困难的公司都会采取有效行动,确保这一关键利益相关方能够尽力配合管理层,挽回公司大局。2003 年 4 月,弗雷德·哈桑被任命为药业巨头先灵葆雅公司总裁兼 CEO。他接手的公司在过去 3 年内损失了 2/3 的市值,重要产品的专利期限即将届满,新产品却尚未开发出。要把先灵葆雅转变成为一个机构精简、目标长远的公司,哈桑必须确保持怀疑态度的员工愿意配合。他一上任就保证自己将坚持讲真话,决不隐瞒坏消息。他通过行动让员工知道他需要公司上下所有员工的参与。他甚至关闭了公司的高管餐厅,鼓励公司高层多与员工交流沟通。同时,他发布了黯淡的收益报告,减少公司分红,制订了内部成本削减计划。他变卖了公司的飞机,取消了大多数奖金。有些员工对他的做法感到不满,但大多数都拥护他的行动。比起上一届只顾找借口搪塞自己食言行为的高管团队,他带来的改变是受人欢迎的。

对于哈桑来说,成功的人力资源管理的首要条件是正直。如果你想要造就一个忠诚、诚信、刻苦的员工团队,就必须让这些优点在自己身上闪光,并持之以恒地就这些与员工沟通。请员工给自己发邮件,认真阅读员工的邮件。定期走访客户接触地点,努力聆听和解决员工关心的问题。员工看到并体会到你的旨意和投入,就会成为你的商业伙伴。如果他们感觉到处于主人的位置,就会以主人的方式作出回应,比如提出实用的创意,负责地把工作做好。要寻找表彰员工业绩的新方式,不仅仅是简单地使用墙报和小奖品。一些公司给予员工有形的奖励,比如增加休假时间,也有一些公司以采用员工的建议来改进产品或改善工作环境作为回报。

让员工感受到有人在听他们说话,能造就一个为了公司的成功而打拼的员工队伍。戴姆勒·克莱斯勒公司的很多工厂规定,只要员工发现有可能影响产品质量的问题,他可以随时停止整条生产线。员工们还参与到精益生产和产品质量创新项目中,由此确保来自一线工人的建议能够得到认真对待,并产生效果。在员工看来,最妙的就是生产的一切收益都会体现在个人收益中。尽管克莱斯勒遭遇了财务难题,但最底层的工人能够增加公司收益或减少公司损失,由此使得克莱斯勒的北美工厂独具活力。

要牢记一点:员工对于他们的领导者总是抱有很高的期望。那些认为员工能保住饭碗就知足的高管可能会大失所望。由于受到全球化经济动荡的打击,员工们不再自发地向雇主献出自己的忠诚和最佳绩效。他们需要领导者的激励,需要领导者明白员工的生产率是财务绩效的一个重要动力。

3. 客户：耐心聆听，诚恳交流

与客户建立紧密联系的观点早已不再陌生，然而很多公司还继续把它仅仅当作一个口号，没有落实在行动中。很多公司依然没有建立起快速、有效的机制来真诚回应买到问题产品的客户。公司在利用技术为自己谋利的时候，也要利用技术为客户谋利。在客户登录的情况下屡次要求其提供账户，这真的是优质客户服务吗？自动化处理确实效果不错，但是系统应该确保员工能真正听取客户的需要和期望，并将关键信息反馈给需要它们的人。

一味降低成本、追求效益，忽视倾听客户的需求，所带来的损失远远大于眼前的收益。客户希望与交易伙伴产生情感联系。他们希望对方的员工能够重视他们。这并不意味着对客户一味奉承或者频繁送礼，而是意味着你必须信守承诺，修正问题，尽最大努力满足他们的要求，而不是把你想给的硬塞给他们。

很多公司缺乏对这方面的关注，因此导致了他们的失败。大众汽车公司近年来面临着销售下滑的局面，一向重视工程创新的公司高管对此感到困惑不解。负责挽回局势的大众汽车 CEO 毕睿德（Bernd Pischetsrieder）最终承认，公司"最大的问题"在于"对客户关注太少"。他承认，公司没有把产品的决定权给予客户，"大众汽车公司的经理人和工程师过度执著于客户不一定想要的技术和功能"。毕睿德正在对大众汽车公司进行重组，以建立起关注客户需求的企业文化。重组的重点放在与欧洲市场的偏好有差异的美国。改变一种根深蒂固的文化需要长久的努力，但员工正在学着从客户偏好的角度出发，对每一项技术改变提出质疑。"在这类情况中，有时你只需要一些不同的思考——无关乎好坏，只是有所不同——以提醒公司内部我们需要一种不同的途径，"毕睿德说。

想保持客户信任的公司还会及时承认他们的错误。自杰森·布莱尔（Jayson Blair）被发现撰写多条假新闻刊登在《纽约时报》上之后，报纸总裁兼 CEO 小亚瑟·苏兹伯格指派调查记者曝光报纸的缺陷。苏兹伯格坚持认为，要赢回《纽约时报》读者的信任，必须做到"百分之百的公开"。

这种做法带来了奇迹般的效果：布莱尔事件之后，《纽约时报》的读者增加了。然而，一旦升高客户服务水平，对未来做出承诺，竞争者和其他同行就会期望你坚持做好。由于最初没有严肃对待朱迪思·米勒（Judith Miller）关于大规模杀伤性武器的虚假报道，以及一名中央情报局特工身份的泄露，《纽约时报》遭到了指责。但是，再一次，《纽约时报》成为第一家改正错误的报纸。

4. 政策制定者：参与讨论

由于安然等公司犯下弥天大错，几乎每个行业都加强了监管力度。新的萨班斯-奥克斯利法案几乎是覆盖面最广的法案，以确保公司董事会和CEO能够验证财务报告，实施内部控制，预防欺诈。董事和CEO现在更深刻地认识到，伴随领导职位而来的是个人责任。的确，2000—2004年，美国证券交易委员会每年开出的罚单从5亿美元跃至30亿美元。

然而，需要公司领导关注的不仅是有关部门对公共公司的财务监管。食品企业、烟草企业、医药企业，以及会对环境造成影响的公司，日益成为政策制定者的重点关注对象。例如，有些地方政府已经向儿童肥胖宣战。美国所有学校都明令禁止在自动售卖机中出售垃圾食品。虽然这些尚不会对公司造成威胁，但是如果国会开始关注肥胖，又会如何？

食品行业正在作出回应。一直以来以注重营养而著称的嘉宝公司投入大量资源开发婴儿饮食的更优选择，并在最近启动一项有史以来最大规模的针对婴幼儿的营养研究。卡夫公司也基本停止了向儿童推销不健康的零食。

通常情况下，公司都要吃一番苦头才能提高对影响公司运营的社会问题的敏感度。卡夫的《奥利奥曲奇计数书》教幼儿一边吃奥利奥曲奇，一边数剩下的曲奇数量。这本书使卡夫公司深陷麻烦。来自爱荷华州的参议员汤姆·哈尔金（Tom Harkin）称，这本书是"在无知学前儿童头脑中强加品牌意识"的误导营销典型例子。卡夫将这本书下架，并删去了公司网站上其他有争议的"广告游戏"。

参与讨论不同于游说。通过中间人进行游说就像是发邮件给你的爱人传达爱意,亲自上场实际上是更有效的方式。为了高层管理者的效率最大化,你需要对于在短时间里获得信任有心理准备。你要确保你清晰地理解公司的政策平台、行动计划,以及批评方的观点。要展示出自己是解决方案的一部分。只有极少数官僚、政客才真正理解商业是如何运作的,所以要抓住机会分享行业洞察和经验。语言要简明易懂,不卑不亢。我们与同事交流往往习惯于使用行话和缩略语,久而久之,它们听起来就像一种语言。只要想像就是在与老朋友聊自己的工作,你就很容易找到正确的语调和词汇来表达自己。

无论你个人的政治立场如何,要确保能够与台上台下都保持关系。政治中唯一能够确保的事就是当权者随时可能下台。你需要与有可能影响到公司前途的任何一方——无论是当下还是将来——建立关系。政客(以及监管者)看重公司对于影响到他们辖区就业和收入的立法的反馈。政客也会关注那些能应对选举人关注问题的周详项目,即使选举人不会直接受到影响。撇开政治献金,少数公司能因为坚持和齐心协力得到政策制定者的关注,能够与其直接讨论对公司前途产生决定性影响的问题和规则。

你的目标是与政府官员建立信任关系,所以你要作为一个信息资源,而不是某种观点的拉拉队长。这种领导者品牌才能让你能从政策制定者那里获得公正的对待。

5. 非政府组织:与批评家对话

近年来,美国国内以及国际利益组织的影响力和经济实力得到了长足的发展。1999—2004 年,非政府组织的注册数量增加了 25%,其收入从 9 060 亿美元增加到 14 000 亿美元,增长 55%。大部分成功的非政府组织已经利用因特网的力量,空前快速地组织和传播它们对企业行为的准确看法。大众也逐渐认同非政府组织的高效运营。根据约翰·勒卡雷(John Le Carre)的小说改编的电影《不朽的园丁》(*The Constant Gardener*, 2005)讲述的故事是,一家在非洲的医药公司以牺牲人的性命来测试预防肺炎的新药,最终却被普通民众成功阻止。影片传递的信息是,人们被赋予权力挑战他们在日常生活中所接触的公司的行为,公司面对来自外部的干涉行动显得脆弱。在很多公司的发展过程中,非政府组织正扮演着一个举足轻重的角色。

6. 社区:履行企业社会责任

公司处于孤立状态就能经营,不用考虑所在地的社区或者遍及全球的业务,这样的时代早已过去。反过来,社区也越来越严格地审视当地企业的行为。尽管社区还在利用税收减免政策吸引企业投资,但更多的社区要求公司的贡献值得其所占的城市空间。最近的突出例子是沃尔玛。在芝加哥和加利福尼亚的很多地区的社区,沃尔玛超市遭到驱逐。尽管付出了努力,但沃尔玛没能建立起一个公平友好的雇主形象。社区领导者得以宣扬他们的观点,即沃尔玛是一个自私的庞然大物,以牺牲员工和社区其他零售商为代价,一味追求利益。

企业融入社区不仅仅是指出了问题就大笔砸钱。如果你不能确定你的解决方法是正确的、符合民意的,那么就算是优秀的工作也很有可能被当作是一场作秀。这意味着要把相关项目视作一种商业机能,就像利润中心那样。不过,效果要靠创建信任的能力来评定。如果社区成员怀疑公司赞助的项目只是面子工程,他们就会在第一时间怀疑你的正直。

要准备好与其他拥有专业知识的公司或机构进行合作,以完成一项有难度的具体任务。如果你经营的是石油公司,你可能没有对抗饥饿的专业经验。但是你可以使用你的物流专业知识与一家运输公司或者食品分销商合作,确保食品准时到达它的使命地点。与非政府组织合作还可以提供免除当地繁文缛节的"通行证"。

牢记这句箴言:"好人难做"。批评家总是会鸡蛋里挑骨头。考虑一下你的社区项目中哪些因素容易被批评家抓住把柄,要么做出改变,要么准备好有力的回应。不要让外界的批评损害一项合理的项目。错误的批评也会损害你希望建立的信誉和信任。

推进计划

人们都希望自己的生活能够充满意义,成功企业的领导者们比普通人拥有更多机会实现这个梦想。把自己的核心价值观融入企业,并把这些与主要利益相关方进行沟通,领导者由此赢得了对方的信任。这些领导者利用信任的力量激发每一个利益相关方的积极性,使他们支持符合公司长远利益的行动。通过在第三方或政策制定者从外部施压以前就改变行动,这些领导者推进着计划的实施。

成功的领导者始终关注对长远成功起关键作用的问题,而不是一时冲动地做出未来会后悔的行动。通过他们及其员工所投射出的价值观,很容易就能认出他们。他们的共同特征是,在各利益相关方中建立了信任,在市场中树立了声誉,长久获得绩效,并且通常都有能力在自愿离职以前保住职位。

第二章　责任能够盈利

欲变世界,先变其身。

——圣雄甘地

能力超群的人受到使命意义的鼓舞时,他们能取得非凡的成绩。

——丹尼尔·魏思乐,医学博士,诺华公司
总裁兼 CEO(与作者交谈原话)

2005 年 7—8 月的洛普民意测验显示,仅 2% 的美国人认为大型公司的 CEO 是"非常值得信任的"。只有 2%! 对于 CEO 及公司来讲,这是一个严重的问题。任何打消消费者和投资者积极性的因素终将影响他们购买产品和股票的意愿。

消费者和其他重要利益相关方对公司失去了信任,这显然是由于安然和世界通讯公司等企业丑闻造成的。然而,公司裁员、工作流向发展中国家、退休养老计划失职,以及高管薪酬超高等新闻频频见诸报端,更令情况变得严重。

医药行业由于信任与诚信问题受到了严重的打击。2005 年 1 月,华尔街日报与 NBC 新闻民意调查显示,只有 3% 的受访者认为医药公司的宗旨是为了公众利益。76％认为医药公司的主要目的是赚钱。在每年一次由美国路易斯协会和纽约声誉研究所发起的企业声誉系数调查中,医药公司的排名也差强人意。唯一的例外是强生公司。该公司收入的很大一部分由医药和医疗器材获得,却保持着婴儿用品公司的形象。

医药公司与消费者之间的爱恨交加的关系使它们的处境特殊。一方面,医药公司生产的药品每年都拯救上百万美国人的生命。另一方面,很多人对高昂的药价和行业内高达两位数的利润率心怀怨恨。关于这些公司是否有责任为贫困病人——尤其是在非洲的——提供药品的争议,使它们的名誉受到进一步破坏。在南非和其他地区要求普及治疗艾滋病药品举行大型游行之后,1997 年底,爆发了一场危机。南非政府通过立法,允许当地的小型企业生产专利权属于另一个医药公司的药品。这条法律还允许政府从不遵守国际专利法的国家进口治疗艾滋病的药品。主要的大型药品公司立即将南非政府的侵权行为告上法庭。这场诉讼令南非的宪法法院忙得不可开交,各方陷入敌对状态。

然而,近年来,这种硝烟弥漫的争端基本平息下来。这是由于政府、企业以及非政府组织决定合作,共同帮助病人获得他们所需要的药品。医药公司现在每年向第三世界的病人捐献价值几千万美元的艾滋病药品,赞助几百万美元创建必需的诊断和配送设施。国际药品产业协会的一项最新调查表明,2000—2005 年,医药行业向发展中国家捐款 44 亿美元,捐赠的药品和医疗器材价值 5.4 亿美元。

一些医药公司不情愿地为人道主义事业做贡献,或者干脆避开。然而,也有一些公司很早就明白为什么这些能够带来超越经济利益的回报,应该成为日常商业行为的一部分。显然,那些对有需要的病人报以同情,以病人作为努力中心的医药公司更胜一筹。利用担任医药巨头诺华公司 CEO 的 10 年时间,丹尼尔·魏思乐证明,将个人价值观、企业社会责任、道德与公司的利益和发展相结合是有可能的。魏思乐认为:"医药公司获得坏形象的部分原因在于我们自己的行为。药品涨价、专利到期时过度保护,以及在发展中国家中基本药物(主要与艾滋病相关)的可获得性,是我们应该好好反思的 3 个方面。"魏思乐在诺华公司的任期时致力于改变这种名声。

价值观问题

　　在一系列因素的联合作用下,道德与责任因素成为健康企业战略的重要内容。与当今企业发生作用的利益相关方空前宽泛,包括投资者、员工、社区、政府以及非政府组织。由于存在如此多的利益相关方,公司运营符合道德规范,超越底线积极承担社会责任,能够为公司本身以及管理层带来大范围的社会信任。更多的信任将直接促进员工留任、收入增长、回头客增加,令人们产生怀疑的行为则会很快造成灾难性的后果。

　　道德规范与责任成为公司走向成功的关键因素,部分也是因为企业的行为再也不可能不引人注目。媒体渠道的数量呈爆炸式增加,新闻传播的速度日益加快,信息所及范围已经覆盖全球。因此,公司经理人越来越成为人们关注的焦点。他们的行为必须经常公开,受到审查。然而,这并不只意味着消极。在这个媒体饱和的年代,一家公司参与其所在社区的活动更容易给前几年没有留意到这家公司的人留下深刻印象。因此,公司的责任是公司名誉的基础。

　　如果执行官不再纠结于短期统计数字,而是把道德与责任融入他的决策,那么他更可能获得长远利益。另一方面,一个行业或一家公司在媒体上受到的攻击越多,它就越可能成为政客、监管机构和选举人的目标,被要求作出行动和领导方面的改变。客户也是如此。他们会由于一家企业的道德表现而对这家企业产生兴趣或厌恶。对于法律上是有罪还是清白,他们并不感兴趣。在安然公司案例中,尽管一家上诉法庭撤销了安达信会计师事务的有罪判决,但这是一场得不偿失的胜利。收到有利的法院裁决时,安达信已经破产。安达信的失信使得客户纷纷弃之而去。

　　随着公司呈现出领导者的人格,信任的力量得到了放大。CEO 正在成为企业的"脸面",这使得公众感觉到自己与公共企业的联系更加紧密。无论正反,这种力量都有着巨大的影响。肯尼斯·莱(Kenneth Lay)和杰夫·斯基林(Jeff Skilling)就是安然,丹尼斯·科兹洛夫斯基就是泰科。另一方面,人格化也能够使经营人性化,建立信任。高盛国际公司副主席罗伯特·霍马茨称这种现象为"价值观鸿沟"。他认为,在美国这种现象特别明显。"如果一位 CEO 有价值观,那么他会成为典型,如果他没有,也会成为典型,"霍马茨说,"我认为高尚的价值观是最基本的特质,必须给予最高重视。"

图 2.1 "杜根小姐,你能找个人来区分一下对错吗?"

霍马茨指出,我们最近刚刚经历一场"道德赤字"。"赚钱为王"成为再度出现的文化现象。他警告说,"道德、责任和信任的破坏会造成巨大的损失。衡量 21 世纪的商业和金融领导者的标准不仅限于他们建立和管理优秀公司和赚钱的能力,还有他们在工作和生活中奉行的道德准则。"

如果一家公司的道德标准受到人们的尊敬,那么员工更愿意为这家公司工作。最优秀的员工往往会寻求能够能激发他们担负重任的价值观,不仅为公司,也为自己,为他们所在的社区。一旦人们相信自己的工作能够让世界变得更美好,他们就会在工作中付出最大的努力。《华盛顿邮报》记者史蒂芬·波尔斯坦(Steven Perlstein)几年前指出:"在商业领导的谈话中,只要与社区工作相关的话题出现,谈话的语调就会发生变化,无一例外。一改往常的沉默不语、冰冷理性和反复拿捏,这些人的语调会自然升高,谈话中带着激情、坚定和率真。"

作为成功管理的基石,健康的价值观走到了舞台的中央。新的一代已经踏上工作岗位,他们中间有很多人都希望自己的老板能实践某种行为标准,为世界做出积极贡献。成功的领导者不会忽视这个变化。2003年,一项针对全球 20 个最大型经济体的本科在校学生的调查发现,"五分之三的本科在校学生选择去能够展示自己的道德观和对社会积极影响的公司工作"。2004 年,在一项针对欧洲商学院和瑞士国际管理发展学院应届毕业学生的调查中,被问及希望自己在哪些方面成名时,多半学生提及诚信、正值、善良、公正或者帮助弱者。只有 10% 的人认同公司的主要目的是专门或主要为股东服务。

员工的招聘也出现了转变。为了招聘并留任最优秀的员工,公司绝对不能只在口头上宣扬道德和企业公民意识。2005 年,《华尔街日报》和哈里斯互动商学院的调查显示,84% 的企业招聘人员表示,他们需要MBA 毕业生展示对企业社会责任的了解,并将这一点作为他们的判断标准之一。道德与责任会激发信任,也会塑造信任,创造出一种弹性,使公司的领导者平稳走过跌宕起伏的每一天、每个季度。植根于健康价值观的信任,对公司的经营能力和管理层保留自己职位的能力都至关重要。

价值观与效益是平等的伙伴

几乎没有 CEO 或者公司高管会否认,他们最重要的责任是让公司取得财务方面的成功。业务不健康的公司不会生存长久。经理人接受培训,提高自己的能力,以便作出优秀的投资,击败竞争对手,并努力不断创新。这是优秀管理的内涵。

一些高管认为,这意味着限制慈善活动。雀巢公司总裁兼 CEO 彼得·布拉贝克-莱特马特(Peter Brabeck-Letmanthe)在最近一次演讲中表示,企业不应该觉得"回报"社会是一种义务,因为他们并没有从社会索取什么。他说,"我认为企业参与慈善有各种充分的理由","但作为管理人员,我们需要谨慎,因为我们分发出去的不是自己的钱,而是我们股东的钱。"

履行对股东的职责确实是企业的首要法定义务。亨利·福特曾决定通过取消福特公司股东道奇兄弟的季度红利以实施降价。道奇兄弟原本计划将这笔红利用于经营一家汽车公司。于是,他们对福特公司提出起诉,声称红利是股东的财产,不能以任何理由给予他人。美国最高法院站到了道奇兄弟一边。这在1916年成为美国的一项判例法。

经济学家米尔顿·弗里德曼(Milton Friedman)在35年前有一个著名论断:生意的意义在于生意本身,只要公司遵守法律,就无须履行任何其他义务。这种观点会使我们认为,如果商业领导者不是遵守这一原则、摒弃其他原则,那么他们就是在违背法律,或者至少是违背道德。然而,今天的世界发生了变化。守财奴的行为不再被接受,也不再属于一个成功公司的企业战略的一部分。没有一家法庭或者明智的投资者会断言道德与社会责任不是成功领导力的必要组成。最近的公司丑闻大爆发更是证明了这个现实。尽管华尔街与公司董事会不断向管理层施压,迫使他们集中精力实现短期目标,但近期的事件已经将长远考虑摆上桌面。关注短期收益也许只是公司领导层为取悦华尔街努力想出的权宜之计,但这会损害他们事业的长远健康发展。在我们生活的这个时代,道德过错会登上各大报纸的头版新闻,而且矛头往往指向个人,监管部门执法时也毫不留情面。健康的价值观不仅是避免安然式灾难的必要条件,而且,从长远来看,在内部推行道德行为的公司能找到底线利益。目光长远的CEO开始深刻地明白:在他们的公司和事业的生命中,有很多事情远比达到季度收益目标重要得多。事业成功、受人尊敬的领导者明白,成为一个好的企业公民是公司在社会中运转的"通行证"。

研究已经证明优秀企业公民意识与企业效益之间存在联系。公司要想在21世纪走得更长远,就必须将效益与价值观放在并重的位置。哈佛大学的乔舒亚·马格里斯(Joshua Margolis)和密歇根大学J. P. 沃尔什(J. P. Walsh)最近对 95 份关于企业社会效益和经济效益的实证研究进行了分析。他们发现,表明企业社会效益与经济效益之间存在积极关系的研究数量是没有表明存在这种关系的 9 倍。能体现注重价值观的公司的长期盈利能力的指标是道琼斯可持续发展指数和富时社会责任指数。这两种指数研究的是居于前 10% 的最关注经济、环境和社会长期战略的美国公司。这些公司关注创新和良好治理,关心利益相关方的利益,通过提高生产率、竞争力和声誉获得稳定的财务增长。道琼斯可持续发展指数将企业可持续性定义为,通过把握机遇以及控制经济、环境和社会发展带来的风险,为利益相关方创造长远价值的一种商业手段。在保持国际竞争力和品牌声誉的同时,这些企业把远期的经济、环境和社会考虑融入企业战略。他们通过投资客户关系管理、产品和服务创新,来培养忠诚度,为公司治理和利益相关方参与设定最高标准,建立企业行为准则和公开报告制度。同时,他们采取让员工满意的人力资源管理方式。

自 1999 年设立以来,道琼斯公司可持续发展指数一直比全球的主要股市表现更好,富时社会责任指数要么接近,要么超过富时全股指数。富时指数公司最有名的是富时 100 指数,是伦敦股票交易所蓝筹股指数,类似于美国的标准普尔指数。

诺华:善举意味着成功

正如公司需要一个战略计划保证盈利增长,领导者也必须拥有一个计划,聚焦于维持与主要利益相关方的信任关系。1996 年,山德士与汽巴-嘉基合并成为诺华公司,新 CEO 丹尼尔·魏思乐想彻底改变这家保守的瑞士制药公司。虽然明白建立新的企业文化需要时间,他还是开始努力创建一家目标明确、文化基于效益与健康价值观的公司。魏思乐与他的管理团队一起为公司的宗旨做出明确规划:"我们发现、发展,并成功销售创新产品以治疗疾病,减轻痛苦,提高生命质量。"

他还确保管理层人员明白自己的责任所在,定期对绩效进行全面评估。他建立了基于绩效的薪酬管理制度,覆盖公司各个层级,使沟通民主化,让所有员工都能了解公司的目标、战略和成果。"在核心业务的效益仍然是我们对社会最主要的责任和贡献的同时,以正确的方式做正确的工作能够维持公司经营许可和业务可持续性,"魏思乐表示。魏思乐相信,为了健康的公司治理,他将需要建立一种基于价值观的管理体系,并确保诺华公司全体员工对此有深刻明确的理解。这个体系包括一个含有目标、战略、规范和标准的计划。魏思乐公开支持它们,以显示公司高层的决心。

将道德和责任融入组织

"我们当时拥有一个建立全新公司、创造全新企业文化的绝佳机会,"魏思乐回忆当时自己与管理团队一起,将山德士与汽巴·嘉基合并成为诺华公司的情况。"公司最高管理层取得了董事会的支持,认为有必要设定明确的宗旨、理想和价值观,以指导我们日常的行为。"魏思乐认为,同样重要的是,在新公司上下既要交流公司哲学的变化,又要宣传新的管理结构。

诺华疫苗与诊断事业部 CEO 约尔格·莱因哈特(Joerg Reinhardt)奔赴公司的每个主要驻地,进行会谈,及时、准确地沟通信息,"合并半个多月后,每位员工都了解了我们要建立怎样的新企业文化以及各自的职责是什么"。的确,魏思乐利用每个机会来宣扬他的管理方法是"信任与正直的结合",是公司成功的关键。他希望每个人都"明白公司的旅程通往何方"。他还采取富有创造性的方法展示领导者的价值观。例如,1999年,在瑞士因特拉肯召开的公司年度管理会议上,魏思乐邀请以色列总理希蒙·佩雷斯(Shimon Peres)为会议做主题演讲。"他是一位政治家,拥有非凡的智慧,"魏思乐把佩雷斯介绍给经理人时这样说。"他的努力、坚持、远见和希望都是明确的。我们相信,我们的愿景会使整个公司团结在一起,向前进。"(丹尼尔·魏思乐在诺华管理会议上的讲话,2001年1月)

在 2001 年公司管理会议上,魏思乐再次强调公司围绕价值观团结在一起的重要性。他指出,公司的组织结构就像一幅罗斯科(Rothko)的画作,"要与背景,也就是市场环境相融合,在各个方向上协调"。他强调创建"互相信任与支持"氛围的重要性。他说,首先得把公司社会责任视作一种"业务责任,是日常工作的组成部分"。其次才是执行,吸引合适的人、创造恰当的激励,以建立聚焦创新的高效组织。他总结道:"当然,大型跨国公司拥有来自各种不同背景员工,要建立一种共享的公司文化需要数年持续不断的努力。尽管公司的基础是稳定的,我们工作的环境却会带来新的挑战,所以我们必须不断地学习和适应。"

这些沟通起到了明显的作用。2001 年,对魏思乐管理团队做的一项独立调查显示,78%的人认为他们共享明确的价值观和企业宗旨。为了向员工描绘公司的价值观与成功的商业目标相一致,魏思乐对年度报告的设计和内容进行了全面修改,使用"关怀与救治"作为主题。其中的图片描绘了病痛和药品的益处,还描绘了发展中国家病人的状况,增强了利益相关方对公司宗旨的了解。公司的宣传广告喊出"尽一切可能"的口号,同样以病人案例为主要内容,向外部观众和内部员工展示,公司全体决心用工作来影响病人的生命和家庭。与公司的价值观和愿景相一致,魏思乐相信,"要让人们和企业成就他们未曾有过的梦想。让平凡的人变成非凡的人,让他们一起创造非凡的事业"。

诺华的内部网用来保证每位员工都准确理解哪些行为能被接受,哪些不能。如果有员工违反诺华内部规则,包括管理层在内,相关的案例分析都会发布在网站上,供所有成员查看。这种透明制度的目的在于让每位员工理解违反公司行为准则意味着什么,鼓励在允许的情况下采取适当措施,如加强培训,以减少违规行为。培训至关重要,正如魏思乐所说的那样，"我们最差的表现决定我们的声誉。"

诺华公司用于保障价值观和道德规范深入公司全体的其他措施包括：

1. 社区关系日。1997年，魏思乐就任CEO后不久，公司设立了社区关系日，鼓励诺华员工每年一次利用工作时间回报他们的社区。公司为团队提供活动的来回交通条件。

2. 无例外道德培训。每一位诺华员工都需要在线完成一套规定的道德行为培训课程。

3. 零宽容违背道德的行为。时常提醒员工公司在处理违背道德行为时的零宽容政策。

哈佛大学的约翰·奎尔奇（John Quelch）和V.卡斯特利·兰根（V. Kasturi Rangan），支持魏思乐关于"优秀企业公民和健康经济盈利并不相互排斥"的主张。他们表示，公司通过他们称为"战略慈善"的流程能够增强公司的社会责任。他们认为，一家公司不必无私到排除直接经济利益的程度，最恰当的方式是杠杆化公司的力量，并依赖它们。他们建议，"要找到一种或者一类适合你的公司战略、形象和能力的项目"。

灌输企业信条

一家大型企业如何规范5万名甚至更多员工的行为呢？尤其大部分员工从未见过管理高层，高层也永远不能走遍公司在世界各地的分部。身在纽约或者巴黎的CEO真的要为工作在乌干达或者新加坡的中层员工的行为负责吗？老实说，是的。

大型公司就像一个民族国家。当然，一位CEO不可能知道每一位员工的行为及其后果，但每一位CEO都有责任向他们输入一定的价值观，并建立防止违背这些价值观的制度。做到这点最直接的方式是公开和宣传企业信条、道德准则或者使命。这种宣传首先以关于公司宗旨或者说公司生存权的简单讨论为起点,目的是向公司输入一整套价值观和期望。拥有几千名员工、经营几乎遍及世界各国的大型跨国公司,必须紧紧围绕企业经营的一个使命和一套指导他们行动的价值观。为确保公司能够为利益相关方创造价值,公司员工必须在做自己的事情时,坚守道德"契约"。不需要冗长的言辞。谷歌的企业行为准则就是简短的一句话"不作恶"。谷歌公司在最近的年度企业声誉商数中排行第三,仅次于强生与可口可乐。这并不意味着谷歌永远不受批评,就像实施创建信任的行动并不能使领导者免于被批评一样。

当然,只有一个信条或者使命宣言是不够的。在历史上,人们一再违反自己制定的行为准则。然而,受人信任的领导者有办法让各级员工认真对待这些准则。一条行为准则本身不具有任何真正的意义,它必须通过宣传、强调,最重要的是被高级管理层用心对待。安然在 2001 年度报告中强调"沟通"、"尊重"、"正直"和"卓越"。然而,这丝毫没能阻止安然公司的管理层在贪婪的驱使下无视道德行为准则,多数高层员工都涉嫌欺诈。事实上,对安然问题的审视,揭露了一种厚颜无耻、挑战底线的企业文化。在首席财务官安德鲁·法斯托(Andrew Fastow)的办公桌上摆放着一个立方体座右铭,把"沟通"定义为,"当安然说撕破你的脸,就意味着它会做到"。这种为了追逐经济利益不择手段的理念遍及整个公司,最终导致了公司的垮塌。

CEO 要对企业的行为负责,因而必须使企业与自己的愿景和价值观保持一致。"道德必须成为公司遗传代码的组成部分,这需要在整个公司进行员工教育,保持整个公司行为一致。"丹尼尔·魏思乐说。"员工必须理解自己的职责,遵守法律、规定和公司内部的行为准则,这些都反映了社会对他们的固有的明确期待。"

诺华公司的行为准则建立于 1999 年,2001 年进行了一次修改,以符合联合国全球契约的要求。其中包括诺华员工在处理各种挑战时必须遵循的道德标准。这份文件具有全面性和指导性,覆盖了歧视、利益冲突、贿赂与回扣、内幕交易、反垄断、守法、个人义务以及商业资产保护等问题。诺华公司严肃对待这方面的事情。公司在全球拥有 45 名法务官,每年出版一份法务报告,还设有一个法务网站和训练课程。2005 年,公司开始一项网上学习课程,以促使员工明确了解关于贿赂、礼品、内幕交易和机密信息使用的规定。由于世界各地对商务活动的要求和标准不同,诺华要求员工熟记:我们的竞争对手、客户或者分销商或许会采取某种行为,并不意味着这种行为能被诺华所接受。

诺华公司还是最先签署联合国全球契约的大型公司之一。这项契约要求公司遵循九条进步原则,涉及人权、劳工和环境问题。诺华随后对世界各地的分支机构彻底审查,以确保每一个分支机构都符合这项准则的要求。目前,已经有来自 80 个国家的 2 062 家公司和组织成为联合国全球契约的成员。

道德的作用:远视价值

杰出的领导者明白,把价值观带入公司的日常运营能使员工视工作为一种激励。他们还明白,摒弃弄虚作假的企业才是优秀的。人们更有可能选择他们所信任公司的产品,而不是他们不了解的或没有好感的其他公司的产品。根据自然营销研究所的报告,大约 30% 美国消费者在购买产品时会考虑价格和质量之外的因素。今天最成功的管理者对于他们与社会的关系持新的态度。他们意识到自己努力的方向是摒弃弄虚作假,建立新的社会契约。麦肯锡全球总裁戴颐安(Ian Davis)说:"应该继续把股东价值看作企业成功的关键因素。然而,把有效提供社会所需的商品和服务作为公司的最终目的才更正确、更能激发动力,当然在长远也对股东价值更有益处。这是一个珍贵的,甚至是高贵的目的。"

新型的企业公民意识正在转入成功企业的基因。要让激励诺华公司员工那样的企业责任发挥作用,行动必须从公司最高层开始。"为确保公司能够真正重视企业社会责任,领导者必须关心其他人",魏思乐解释道:

"我曾经去印度看望麻风病人,去越南看望儿童,他们中有的由于得不到抗生素治疗,伤口溃烂感染,有的深受疟疾和癌症的折磨,生命垂危。作为一名外科医生,我本来熟视病人的痛苦,但仍无法真正理解发展中国家的儿童如何在贫穷和疾病中成长。如果没有外援,贫穷和疾病就意味着悲惨,甚至往往是死亡。"

很多公司高层认为魏思乐对世界贫困和疾病的同情属于高尚之举,却会破坏他的财务报表。但魏思乐的想法恰恰相反。他将公司的财务效益与公司对世界的责任看作同一目标不可分割的部分。魏思乐说:"在诺华公司,企业公民意味着持续致力于全世界的病人和员工,致力于他们的健康、安全和环境,致力于正确的企业行为,致力于良好的公司治理","我们在这些领域都有具体项目,我们不懈地努力,提高我们的绩效。做正确的事情最终会让企业具有意义"。(丹尼尔·魏思乐与作者交谈原话)

在魏思乐的领导下,诺华公司已经证明公司的价值观不只是书面上的文字。说起来容易,做起来难,尤其是当这种战略可能影响公司短期的利润时。魏思乐说:"对他人的痛苦深怀同情,同时对我们提供帮助的能力和范围保持清醒,是参与任何社会责任的基础。"他强调,健康的财务绩效是参与社责任活动的必要条件,指出"利润就像我们用来呼吸的空气。我们生来不是为了呼吸,但是没有空气我们就无法生存。甚至考虑参与社会责任活动,也要以健康的盈利状况为前提,昂贵的项目往往不会为公司或投资者带来直接、明显的回报。"

格列卫带给诺华的考验

1999 年 4 月,魏思乐的言辞进入了实践。当时,药物格列卫在治疗白血病方面显示出了优异疗效。"我不怎么相信数字",魏思乐现在说,"但是数字说明了一切"。

31 名慢性粒细胞白血病患者参加了格列卫第一阶段试验,所有患者的高白细胞水平都恢复到了正常水平。通常情况下,医药公司会先等待进一步的实验数据,再调动资源,但魏思乐打破常规,指示公司加快进程。"既然成效可观,接下来的步骤就很清楚:给这种药物配备资本和人力资源。把药物尽快推向市场。我们必定这样行动。病人的生命正在受到威胁。我们真正关心的是为期盼中的病人提供更优质、更安全、更有效的药物。格列卫就是能拯救生命的潜力药物。"

如果有人怀疑魏思乐更多关注的是奇效药品带来利润的潜力,而不是病人的健康,那么他的想法是可以理解的。但是,加快产品开发具有风险。当时潜在病人的数量估计不到 7 000。魏思乐的决定顶着药物根本打不进市场,甚至不可能盈利的风险,因为研发和生产投入的成本高昂,而病人数量太少。但他相信"关注满足病人的需求是诺华的生存权"。

在格列卫的开发进程中,魏思乐一直扮演着率真的鼓励角色,随处可见他的身影。最高领导者传出的这些信息成为一种催化剂,促进整个管理团队向着困难的目标团结奋进。魏思乐在公司内外的利益相关方中培养信心,让他们相信公司在尽一切可能把格列卫快速、负责地送到需要的人手中。他甚至与几位病人成了笔友。

看到格列卫的早期临床结果后,魏思乐要求开发团队在短短两年时间内将药品投放市场。由于时间安排太紧凑,多数员工怀疑能否如期完成。但是,员工最终如期完成了领导者交付的任务。诺华加大临床开发投入,以允许更多病人进入临床测试,获得格列卫。魏思乐亲自上阵,确保员工理解竭尽所能、让药品尽快进入市场的重要性。在魏思乐带领高层加快格列卫通过审查的同时,诺华公司几百名员工共同努力,放弃多个周末和假期,也在加快将这种拯救生命的药品带入市场。

魏思乐说,他学到并努力记在心中的是:激励人们每天起床去工作、增加股东价值的不是钱,而是他们试图感到自己在做出宝贵贡献的愿望。"没有哪个人是为了让富人变得更富有而工作",他说,"通过格列卫,我们看到员工全身心投入到药物的开发。格列卫的生产设备最初设在爱尔兰灵厄斯基迪，那里的员工通过网络与格列卫支持群的成员联系。这使他们与病人建立了私人关系，使他们更坚定地致力于将药品尽快提供给需要的人。员工们敦促老板想办法加快药品的生产，想出创意以更有效、更快速地利用设备。"

格列卫的开发和投入市场是如此高效，其中的另一个原因是诺华的领导者愿意坦言自己的疑问，开诚布公。这与关键利益相关方建立了信任关系，尤其是病人和员工。

在格列卫获得治疗慢性粒细胞白血病的许可证后不久，魏思乐向格列卫团队展示了一封来自一位纽约慢性粒细胞白血病患者的手写信。"他向我讲述了他一生的故事，不仅与我分享他的喜悦，比如与他的孙儿一起度过第一个圣诞节，也分享他的痛苦，包括痛苦之最——他在2001年1月被确诊患有慢性粒细胞白血病"，魏思乐回忆道，"那次诊断当时确实是一个沉重打击，他经历了多次痛楚的治疗，几乎难以忍受，仍不能阻止病情的恶化。然后，他的医生向他介绍了格列卫，当时格列卫还没有获得许可证。他说，他当时多么希望自己能撑到格列卫获得许可。就在两周以后，格列卫获得了美国药品食品监督局的许可证，他开始服用第一颗胶囊。他写道：我现在已经坚持服用格列卫一年半，在过去的8个月中只经历了两次病情的反复。我痊愈了。我不知道该向谁表达我的感激，但是我愿意向所有为创造这种拯救生命的药物贡献过力量的人表达我最真挚的感谢。"

"作为一名外科医生，我多年致力于救治病人"，魏思乐说，"然而，在我看来，能听到我们诺华曾救助的病人讲故事，依然是一种最大成就的标志"。

为确保每一个病人都能获得格列卫，魏思乐设立了一个国际病人救助项目。由于在世界很多地方都存在诊断和救治困难，像这样的全球性项目很有可能无法及时实施到位。然而，格列卫美国病人援助项目和国际病人援助项目现在可能已经成为全球最慷慨、救助范围最广的病人援助项目。2005 年,该项目实施 3 年后,诺华已经向全球 80 多个国家的 15 000 病人免费提供了格列卫,让陷于绝境的病人得到了救治。

在诺华,格列卫成为缩短开发时间、提高入市速度的范例。"这也再一次验证了我们公司的宗旨和我们准备在诺华企业文化中灌注的价值观",魏思乐说,"有人会批评我们成为企业公民的努力,认为这只是为了改善形象。我想说声誉固然重要,在很多情况下声誉确实是建立企业社会责任背后的关键推动力。然而,只要声誉能够带来行为的进步,就是合理的"。

对诺华来讲,成果是显著的。公司收入持续增长,居行业之首,每个季度都能获得更多的市场份额。2005 年,诺华首次登上《财富》杂志的世界最受尊敬公司榜。在多数大型医药公司的市场份额都经历着两位数减少的时候,诺华的市场份额取得了两位数的增长,2005 年增长超过 16%。

造福世界是一种优秀的财务战略

诺华不是唯一一家在践行信条的同时大力提高财务绩效的公司。诺华对于病人的需要具有敏锐的感觉,使得他们能够获得药物的帮助,尤其是发展中国家的患者。其他公司,比如 IBM,则是向第三世界的教师提供计算机技术。两家公司都在为世界作贡献,同时扩展其产品的市场,贯彻差异化竞争的千年战略。

AMD(原超微半导体公司)是另一家把自己的经济来源放在善举上的公司。AMD 相信,致力于让世界贫困人口接入互联网,可以使自己成为发展中世界第一大电脑芯片供应商。CEO 鲁毅智(Hector Ruiz)实施了他称之为 50×15 计划:到 2015 年,使世界上 50% 的人口接入因特网。他已经在印度取得了重大进展,AMD 以 230 美元的价格销售无线个人互联网通讯器(PIC),每月收取不到 10 美元的上网费用。

这个小型的完备装置包括简化版微软浏览器和电子邮件、文字处理和电子表格程序。硬件由旭电公司制作，AMD 为其提供价值 30 美元的部件。

鲁毅智喜欢问的一个问题是："你难道没有做过有意义的事吗?"他是把自己的价值观挂在嘴边的 CEO 的典型，但他也关心股东价值。无线个人互联网通讯器将占领印度 10 亿贫困人口的大部分市场，这个市场难道以前从未被其他芯片制造商考虑过?鲁毅智或许无法肯定，但 AMD 的战略反映了当今环境下一种新战略模式，鲁毅智能够选择这种战略，并且不会受到投资者的批评。从贫困中长大的 CEO 鲁毅智相信，让 PIC 投放市场就是一个价值观的胜利。

花旗银行提高企业道德标准

之前没有强调道德行为的公司得到了启发。在世人眼中，花旗银行 CEO 查克·普利斯(Chuck Prince)并不习惯于谈论价值观、道德规范或者共同责任。事实上，他往往被描述为与桑福德·威尔合力"将花旗建设为只关注成本、交易和财务绩效的公司"。然而，最近几年，他致力于在整个花旗集团倡导一项覆盖全公司的道德项目，并公开承诺将自己一半的时间用于此事。

引人注目的是，普利斯开始考虑，为了改变整个庞大的花旗集团的观点，自己一半的时间是否足够。让普利斯决定全力关注道德问题的催化剂是，有证据表明花旗银行参与了包括安然、世界通讯公司以及帕玛拉特等几家公司的投融资，这几家公司的失败和财务丑闻连续几个月主导了各大报刊商业版面。花旗自身的丑闻也被揭露，在日本的私人银行部门进行了不合法交易。花旗银行被指控协助客户隐瞒损失、操纵股票价格、谎报利润，未对客户实施犯罪背景调查，并且其根源在于达到总部制定的过高收益目标。当时，普利斯宣布，他不相信公司已经道德败坏，但承认说:"我们太过强调短期利益,没有经过周详的考虑,但我们并不认为现在我们必须说,'顺便提一下,别触犯法律。'"

2004年10月,在日本,普利斯和其他几位高层人员以传统的日本方式深鞠躬道歉。这标志着花旗集团态度的转变。为员工恢复道德现在成为普利斯的首要任务,他开始在集团内部推动"五点计划"的施行。

"在对公司的发展方向和在花旗工作的意义进行一系列讨论之后,我与全球各地的员工总结出了五点计划",普利斯向道德顾问亚历克斯·布里格姆解释道,"由于那些讨论以及去年公司某些业务面临的一些道德问题,我们意识到我们需要在企业文化中创立一种平衡,即在取得短期成果的同时,保证公司长远的发展前景。这既是为了我们的客户与投资者,也是为了我们的员工"。

普利斯提到的五点计划包括:培训、人才发展、绩效评估、沟通和控制。约3 000名高级管理层参加了一次论坛,用案例来激发他们对道德责任和财务绩效的交互关系进行讨论。公司敦促所有层级的员工使用"道德热线",汇报自己的不道德行为。热线来电数量稳步增加。"这并不是意味着不道德的行为增加了",普利斯说道,"而是标志着我们的企业文化正在改变"。

花旗还采取了安全制度以确保道德受到重点关注。例如,合规官员不再向业务单位的主管报告,而是直接向纽约的风险管理部门报告。薪酬制度也进行了改革。薪酬的发放依据公司的总体成果,而不是单个部门的收益。

成本效益新算法

一种计算成本和效益的新方法已经出现。要想实现长期的成功,公司必须考虑几年前属于隐形或不受重视的成本。利益相关方越来越关心公司经营的实际成本。污染、不道德行为以及对社区的漠视不再是零成本的。负责任的公司会尽可能减少这些成本，以求利润最大化。他们不仅要求自己的行为符合当地监管规则，而且还要符合企业自身的行为规范。越来越多的媒体在关注这种新的计算方式。例如，《金融时报》主编简·福勒（Jane Fuller）认为："处理对名誉和利润的威胁几乎与投资维持和扩展业务同等重要。"

全球投资界也开始认识到，不严格遵守积极价值观会对公司造成危害，如招致更严厉的监管、损害客户关系或人才流失。尽管有些公司现在已经建立了道德和责任平台，以指导商业活动和实践，但在商业中重建信任还有很长的路要走。对于领导者和公司来讲，一些管理准则能有助于他们利用信任的力量获得竞争优势。

本章小结

1. 承诺从高层做起。最高领导层需要公开支持道德规范和责任，以确保它们能够嵌入公司，融入决策。随着 CEO 们成为公司的"脸面"，他们作出遵循积极价值观的承诺还将赢得公众的信任。

2. 成为公司使命的一部分。几年前尚属于隐形或者没有完全计算的社会成本现在必须纳入考虑范围。只有社会价值成为公司使命的一部分，它们才能得到管理。

3. 声誉威胁。随着媒体数量的增多，公司的行动再也不能被屏蔽于公众视线之外。CEO 们必须警醒，自己的行为常常被公开和审查。对待声誉的威胁一定要和对待商业运营的威胁一样严肃。

4. 持续培训。尽管 CEO 不可能知悉每一位员工的活动和后果，但是他们有责任灌输某些价值观，并确保违背行为的零容忍。

5. 招聘与留任。新一代员工希望雇主拥有较高的行为标准，为全球社会作出积极贡献。为招聘和留任最优秀的员工，公司必须在道德和企业公民方面做出实际行动，而不仅仅是诉诸口头。

6. 激励与高绩效。激励员工们每天起床工作的动力不是钱,而是他们感到自己在作出宝贵贡献的愿望。

7. 建立平衡。公司管理层必须获得若干利益相关方的信任,包括投资者、员工、客户、社区、政府以及非政府组织,并向他们履行经济和社会责任。

第三章　说出真相

真相终将大白。

——威廉·莎士比亚,《威尼斯商人》

不必问揭露了多少。答案必然是全部。

——小阿瑟·苏兹伯格,《纽约时报》出版商

出于某些原因,进化赋予我们逃避责任和让他人承受后果的本能。为什么在犯下大错时责任人承认错误那么困难？这样的事每天都在发生,所以这一定是与生俱来的人性的弱点。

公开承认犯错总是困难的,而且通常十分尴尬。抵制住诱惑,不去掩盖或否认坏消息,即使只是暂时的,仍需要非常强大的内心。比比皆是的例示是,领导者发现,屈从于无视错误的诱惑要容易得多,特别是问题的蛛丝马迹会立竿见影地对公司股价造成打击的时候。当然,他们忽略了一个问题:被遮掩的问题——任何错误或疏漏——可能被迅速揭露,无法瞒天过海,特别是在当今 24 小时滚动新闻的时代。

最优秀的领导者倾向于从错误和问题中展示出大胆、创新的领导力。依靠信任的力量,这些领导者只要发现了问题,就会把未加涂饰的真相告

知所有主要利益相关方。光明正大会获得回报。当领导者们展现他们正尽一切努力处理负面事件时，对于他们公司的公共舆论会意外地迅速转向同情。令利益相关方更加愤怒的是对于坏消息的托辞，而非坏消息本身。

想想美国国际集团的例子吧。2005 年 5 月，美国国际集团不得不因为审计问题重申 39 亿美元报告利润。公司主席兼 CEO 莫里斯·R. 格林伯格（Maurice R. Greenberg）声明，监管部门的检查是要"将误伤升级为谋杀"。他没有意识到市场已不再认可不择手段哄抬股价的手段。

无视这种新现实的执行官是在把自己置于险地。格林伯格被迫离职后，新任主席弗兰克·扎布（Frank Zarb）上台。他充分理解到，建立信任和透明必须成为首要任务。他在上任后的首次年会上声明："我们的公司致力于工作透明，没有任何保留。"为了证明他愿意做任何事以求重获股东的信任，他建立了几个内部顾问小组来仔细地重新审视所有的金融交易。

信息通道

为了建立一个信任的环境，第一步是要建立一个信息通道，以允许高层领导者能迅速、完整地接收一切坏消息，以及好消息。对于坚持公开透明的领导者来说，最忌讳的是听不到会危及核心业务的负面消息。但是，在很多公司并没有有效的信息系统，能够保证高层接收到有助于关键决策的连续信息流。2005 年，美国人力资源管理协会进行的一项调查结果显示，接受调查的 347 名人力资源管理人员中，只有一半以下（46％）的人所在的公司收集员工的反馈。更令人警醒的是，2004 年毕马威会计事务所进行的一项调查显示，接受调查的 459 家销售额在 2.5 亿美元以上的公司中，65％的员工不举报他们亲眼所见的不当行为。美国最早致力于组织道德研究的非盈利组织道德资源中心进行了一项研究，发现对不当行为知而不报的首要理由是员工们"认为不会有改正错误的举措"以及

"害怕举报行为不会被保密"。

　　双向的内部交流对于创造一个对领导者有利的环境是至关重要的。和其他培育信任的元素一样，它不能再被当作一件奢侈品，即形势大好时用来装点门面、业务低迷时可以弃之不用的东西。一个正式、公开、可量化的内部交流方法，再加上奖励参与（即使只是公开表扬），以及揭露负面消息不受到惩罚，就能够防止小问题膨胀成危及公司的灾难。

　　重大的错误会导致公司的运营偏离轨道，或者高层管理的人事巨变，在探索如何管理这些错误时，我们既能从光芒四射的成功中获得经验，也能从人尽皆知的失败中获得启示。在每个案例里，把情节引向终场的最关键因素是高层领导者的态度和行动。正是这个人的决定和态度加剧了危机，或创造了在危机面前展现领导力的一个机会。

所有的真相都可以公开

　　除了个别例外，大部分人和企业都不会刻意地弄虚作假。他们都有志实现其产品的最高质量。他们都建立了评估系统以在产品到达顾客前捕获缺陷。这样的评估系统中，最广为人知的是通用电气的杰克·韦尔奇推广的六西格玛。就底线而言，萨班斯-奥克斯利法案要求所有的公共公司建立内部报告控制以防造假。虽然这些控制方法在产品和审计任务中颇见成效，但将其应用于人的问题时却无比困难。做正确的事才能建立顾客信任和客户忠诚。在依靠人为产品增值的行业，对错误的不当处理会造成特别严重的后果。信任一旦瓦解，重建将无比困难。

　　在新闻业，对出版物的信任是成功的核心成分。毋庸置疑，《纽约时报》就是一个例子。《纽约时报》长期以来一直被认为是新闻的黄金标准，也是最优秀记者向往的工作场所。所以，当《纽约时报》主席兼出版商小阿瑟·苏兹伯格得知记者杰森·布莱尔不断捏造新闻、杜撰事实并抄袭他人时，他意识到他家族这份报纸的日后可信度取决于他对此问题的回应。

苏兹伯格说:"在《纽约时报》工作是痛苦的,这家企业由我们家族带领着度过历史上的艰难和荣耀。"他在他的家族与公司的历史中找到了力量,他回忆道:"我的每个前任都曾面对他们自己的困难时期。在揭秘五角大楼文件时,我父亲的律师说,如果我父亲将之刊发,律师将不会为他辩护;我祖父则经历了大萧条和第二次世界大战。他们都有过艰难的时期,并作出了关键的抉择,为《纽约时报》日后崛起、成为纽约市最杰出报纸奠定了基础。"

首先,管理你自己

《纽约时报》是如何应对杰森·布莱尔捏造新闻的已经广为人知:在头版揭露事实。更少有人知道,却同样可供其他领导者参考的是,苏兹伯格的思想在引导报纸揭露自身错误。

苏兹伯格听闻杰森·布莱尔事件时不在家。他最开始并未想到问题会发展到如此严重。也许他还有一些侥幸心理。他说:"毫无疑问,所有的生意人——所有负责一家公司的人——都有一种防御本能。但是,记者捏造新闻是很严重的问题。另外,它会伤害到你的运营根基。但在当时我还没有意识到这个问题的严重性。"

丑闻全面曝光用了几个月的时间。在 6 个月内,布莱尔抄袭、杜撰和编造了至少 36 篇文章。这一事件的细节清晰地显示,《纽约时报》内部制衡系统存在严重的缺陷,导致丑闻迟迟未被发现。布莱尔的报道中有一篇是关于一个参加伊拉克战争的士兵的母亲,他使文章看起来像是他亲耳听见这个女人的痛苦讲述,但实际上他是抄袭了《圣安东尼新闻快讯》中马卡纳·埃尔南德斯(Macarena Hernandez)的一篇报道。在另一篇新闻中,布莱尔报道了华盛顿狙击手事件,《纽约时报》的同事立即质疑了这篇新闻,认为他编造了事件。类似地,布莱尔关于受伤士兵的文章也引发了《纽约时报》编辑和政府官员们的质疑。后来证明布莱尔根本未造访过作为新闻背景地点的马里兰州贝塞斯达国家海军医疗中心。

最让苏兹伯格头痛的是布莱尔对杰西卡·林奇（Jessica Lynch）的报道。在林奇获救之后，布莱尔发表了几篇关于她回家的文章，背景是在林奇在西弗吉尼亚巴勒斯坦的故乡。他弄错了林奇的家庭，捏造了与人们的谈话，并抄袭了美联社的一篇新闻。事实败露之后，有人问林奇的父亲，为什么在读到如此多的错误之后不致电《纽约时报》询问。苏兹伯格说："布莱尔（对那个农庄）的描述充满谬误，因为他从未去过那里。关于林奇的家人从未来电质询，林奇的父亲说：'我认为记者就是那样工作的。'他的话令我十分沮丧。编造事实并不是记者的工作，毋庸置疑，不是《纽约时报》记者的工作，尽管在这个事件中，他们显然这样做了。"（小阿瑟·苏兹伯格与作者的谈话，2005 年 6 月）

说出真相，扭转局势

意识到问题严重程度的几小时内，苏兹伯格决定进行根本的改变。"布莱尔事件的问题在于其性质过于恶劣，无法视而不见。我们不能逃避问题，这给予我们一个机会，去关注杰森·布莱尔背后的问题，直击新闻编辑管理的核心。迅速、充分地揭露真相，是解决问题的第一步。"

苏兹伯格决定，自己的首要任务是即刻公示布莱尔弄虚作假的严重程度。他回忆道："首先要公示。把信息发布出去。要由你自己发布。没有比千刀万剐而死更痛苦的了。如果你觉得这只是个小问题，能够遮掩过去，你就是在自欺欺人。所以你要抢在问题爆发之前发布信息，面对即将进入困难时期的现实。不过你会因此获得信誉。"

《纽约时报》深入自查，并彻底地曝光了导致布莱尔虚假报道的内部管理问题。苏兹伯格说："我们安排了几个我们最好的记者去揭露自己的错误。豪威尔·雷恩斯（Howell Raines）（由于这次调查最终离职的主编）决定在新闻刊发之前不去审读，我们就此展示了领导力。"

在使命驱动文化中实现根本改变

　　首要的任务不仅是对布莱尔事件做全面揭露,同等重要的是改变纵容事件发生的新闻管理流程。苏兹伯格知道,布莱尔并不是问题所在,他只是问题的症候表现。苏兹伯格疑惑的是:"杰森为什么能屡屡得手? 我们的系统出了什么问题? 一些高级编辑说,在杰森成为一个国家通讯员之前,他就应该被叫停写作,但是,他却被纵容继续。为什么我们的高级编辑没有与其他人讨论这些呢?"

　　苏兹伯格意识到,现在的问题足以同时摧毁读者和员工对报纸的信任,要修正这种问题,他自己必须明白,为什么能力卓越、睿智博学、富有责任心的人会纵容错误,任其发展到不容忽视的地步。他知道,必须作出根本改变,因为如果不首先根除管理中的问题,修补丑闻杜绝机制的缺陷,那么员工未必能生产出有高品质的产品。

　　苏兹伯格知道,在一个使命驱动的文化中,实现根本改变是十分困难的。他说:"美国的新闻业每天都会重新创造产品。所有的故事都是不同的,照片是不同的,剧本也不同。想象一下,每天实际上有多少职场人士在不得不做这些事。每天我们都得(高效地)想出新东西。你会感到巨大的压力——整个职业都笼罩在压力之下。大材小用,薪资低廉,坦白地说,工作繁重。他们做这样的工作是因为他们爱它,并且建立了使命感。使命第一。记者传播新闻不是一个小的使命,它受到美国宪法第一条修正案的保护。但是,这样的结构很难改变。军队是另一个使命驱动的组织,也承担着伟大的使命:保护整个社会。急救医院也是伟大使命驱动的组织,他们要拯救生命。研究表明,军队、急救医院和新闻编辑部的文化是最相似的三种文化。这样的使命驱动文化是很难实现改变的。"

　　苏兹伯格的第一个举措是撤换总编辑豪威尔·雷恩斯。为了满足及时性,对记者的监管变得松懈。竞争中为速度牺牲质量的现象在很多行业都时有发生。但这不能成为它被接受的理由,特别是在一家信任对其至关重要的公司。苏兹伯格知道,要修复自家报纸"以一流质量的新闻为先"的崇高文化,要做的不仅仅是更换总编辑。雷恩斯是一个好人,一个优秀的新闻工作者,但他没能在新闻质量系统中发挥监管作用。苏兹伯格的责任在于确保新闻质量标准升回几年前的高度,正是那种标准高度为他们的报纸赢得了声誉。他的工作复杂、微妙,因为在任何历史悠久的企业中,特别是在以使命为基础的企业中,作出改变的同时也要保留一些十分宝贵的价值观、传统和标准。

总编助理阿·西格尔接受委托,带领一个委员会调查布莱尔虚假新闻畅行无阻的根源因素。委员会中有《纽约时报》编辑和记者,也有外部人员,包括美联社前总裁和《华盛顿邮报》的前监察官。

尽管"公开调查"的想法未受到普遍支持,但苏兹伯格坚持这样做。他指出,记者经常对别人"公开调查",却很少如此对待自己。他想要的不是一个一流专家委员会,写出一篇谨慎、低调的报道。苏兹伯格说:"西格尔委员会与我们很多员工和我会谈,并把谈话记录在案,我们承诺要公开他们的调查,无论它的结果如何。我们做到了。不仅如此,我们还认可了他们的发现,并在运营中做出了巨大的改变。"

苏兹伯格说,委员会充分探讨了需要做出的改变,得到的结论是,需要作出"制度上的一些本质改变",以求成为"一家优秀的新闻企业"。他说:"需要作出的改变包括,编辑部的指挥—控制的结构、编辑之间相互联系的方式、人力资源的使用方法,以及解雇负责回应读者问题和评论的首任公众事务主编丹·奥克兰特(Dan Okrent)。"报告建议限制匿名信息来源,并要求解释匿名的原因,减少事实错误,并清晰区分新闻和观点评论。报告还建议,报纸的操作和决策都要更加透明,并提出了透明化的一个方法,即在新闻网站上发布采访笔记。

苏兹伯格听取了西格尔报告中"只有开放政策并不足够"的建议。他坚持"栏目编辑(新闻管理者)应当定期在工作时间和职工会议上与普通雇员接触。所有的职工都有与上级、下级和平级沟通的渠道,打破竖井心态"。接替豪威尔·雷恩斯的是执行主编比尔·凯勒,他承诺"把这些指导方针贯彻到编辑部,向员工们解释其意义,并执行落实"。

苏兹伯格采取积极举措,以确保记者亲身实践新闻管理——这是报纸质量的关键所在。苏兹伯格说:"对于保证我们的准确、公平和责任来说,西格尔报告是我们下一步行动的合理蓝图。"今天,经理人的评估和提升都基于他们甄别高质量新闻的能力,以及他们帮助记者领先发出新闻的能力。报社设立了部门领导者定期正式会面系统,以防止另一个杰森·布莱尔会在很多人都不信任他的情况下继续得到升迁。现在,一个新的标准主编被用于保障报纸的真实性,他负责用质量和道德标准仲裁部门间的分歧,并且"支持文字编辑在发现不当行为时退回新闻稿"。最重要的是,标准主编要帮助部门领导建立错误追踪系统,以在问题严峻之前揪出肇事者。

坦诚的力量

很少有公司会像《纽约时报》那样设立标准主编,专职负责帮助人们追求真相。所有的公司,不仅仅是媒体,都希望提前把正直的价值观制度化,而不是让丑闻倒逼它的执行。珍视讲真话的人而非处罚他们,是重要的。通用电气前董事长杰克·韦尔奇称,员工间缺乏坦诚是"商业中最大的肮脏小秘密"。尽管遮掩不会造成丑闻,却会带来被韦尔奇总结为妨碍观点表达、阻滞公司快速移动和消除效率低下的政治活动、官僚主义和虚伪客套。那么,怎样才能让你的员工重视真相呢?韦尔奇建议:"奖励真相、赞扬真相并谈论真相。你要使说真话的人成为人们的英雄。最重要的一点,你自己要热情洋溢甚至捎带夸张地展示你在说真话——即使你不是老板,也要这么做。"

苏兹伯格承认,在按西格尔报告中的建议实施改变之前,《纽约时报》逐渐变成了一个星系,记者被划归为正在升起的新星。这并没有益处,对于那些尚未准备好就被升职的新星更是如此。为了与这种现象作斗争,一个新的职位产生了——职业发展编辑。出任这个职位的是一个经验丰富的记者，而非一个人力资源部的员工。这个人在整个公司中只负责"种子人才"。同时，这个新职位也要为"表现不佳的具体后果"负责。

新闻标准也有了变化。《纽约时报》在使用来源不明的信息方面实行了更严格的指导方针，让大家"明白匿名投稿的新闻通常在读者中没有信誉度"。

苏兹伯格还学到了如何在萌芽阶段就发现对公司有潜在威胁的错误。很简单，只要"走出自己的茧，与更多人谈话。开拓你的人际关系网。从更广阔的资源中获取信息。为了知道编辑部发生的事情，我让自己更多地与稍低的阶层接触，而不是像过去一样依赖高层编辑的说辞。"

在布莱尔事件之前，苏兹伯格基本上没有认识到编辑之间日益增长的愤怒和分歧。让他如梦方醒的是在洛斯阿斯特广场剧院召开的一次群情激愤的员工会议。他告诉西格尔委员会，当他了解到编辑部存在焦虑、愤怒和挫败的情绪时，他很"震惊"。他承认，他"早该认真了解一下编辑部正发生什么"。

苏兹伯格的行为改变了，他成为了一个更好的领导者。"现在，我每个月都与全体栏目编辑（所有的高级编辑）共进午餐。这是之前我们从未做过的事。事实上，天知道高级编辑们上一次聚在一起是多少年前的旧事。在那次危机时，我召集他们，商讨我们该怎么做。我惊讶地发现他们之前从未集体会面过。现在他们每周都集体会面一次。"苏兹伯格还鼓励基层员工在发现问题时用邮件与他联系，报社的管理培训项目也大大拓展了。

不同的运营方式

在建立新闻审查新程序的同时，苏兹伯格还迈出了大胆的另一步，公开质疑《纽约时报》对伊拉克大规模杀伤性武器的报道。这些文章来源于《纽约时报》的资深记者朱迪思·米勒，似乎支持了布什政府关于伊拉克存在大规模杀伤性武器的言论。米勒最近与队友因恐怖主义的有关报道而共同获得普利策奖。基于匿名线人提供的证词,米勒断言,萨达姆·侯赛因订购了铝管用来开发核物质,并将化学武器实验室藏匿于拖车内。如果在伊拉克发现了大规模杀伤性武器,那么没有任何人会质疑这些报道。但是,战争开始后,这样的武器并没有被发现。朱迪思·米勒和其他记者的报道于是受到再次审查。

2004 年 5 月,《纽约时报》刊发了一篇对其早期报道的评论。文章指出,在米勒对伊拉克进行报道时,针对使用匿名来源消息的西格尔制度尚未到位。"我们发现了大量报道失实的情况。"该文章总结道:"在某些情况中,有关消息在当时就存在争议,现在看起来充满疑点,它们不具备高质量,或者经不起推敲。这些问题文章都有一个共同特点:它们依赖的信息至少部分来自于一个包括伊拉克线人、叛逃者和流亡人士在内的想要颠覆伊拉克政权的圈子,这些人的可信度已经越来越多地遭到公众的质疑。"

将错误变为机遇

苏兹伯格将这些问题公开出来,从而将《纽约时报》的报道标准抬升到更高的水平。苏兹伯格建议,如果你无法逃避问题给你带来的后果,你就要以自己的方式解决问题。不要试图将麻烦甩掉或者掩盖事实,因为这些无济于事。真相总会水落石出。他建议"先要蹲下来,改变引发问题的源头"。

苏兹伯格说:最首要的事情就是持续地付出。你不可能预测未来。时不我待。回顾往事,那段时间我每天早上都与一些关键人物进行会谈,包括人力资源人士和公共关系人士。

杰森·布莱尔和朱迪思·米勒事件以及苏兹伯格后来的行动表明了新闻界需要关注的重点:注意自身准确性的衡量标准,错误发生时就要立即承认,同时要在整个媒体机构内部唤醒或灌输新闻伦理。"我们曾扪心自问:'我们能够做到吗?'"《克利夫兰平原商报》编辑道格拉斯·克利夫顿(Douglas Clifton)回忆道,"答案是肯定的。只要努力,我认为任何媒体都能做到。"

许多新闻机构被迫效仿《纽约时报》的做法,在公开自己错误的同时,实施各种控制机制,以预防类似事件再次发生。《华盛顿邮报》紧跟其后,对自己关于在伊拉克存在大规模杀伤性武器的报道作出批评。《今日美国》的驻外记者杰克·凯利(Jack Kelley)在捏造新闻行为败露后被立即解雇。他离开之后,对其文章的质疑不断涌现,《今日美国》只好安排三位经验丰富的外部编辑来评估和审查此事。

但是,这些公开曝光并没有让其他报纸免于经历相同的问题。《温哥华太阳报》性专栏作家因剽窃《纽约时报》的专栏而被解雇。2005年7月,《迈阿密先驱报》的吉姆·德费德(Jim DeFede)因录音一位狂躁政客的呓语被解雇,之后该政客自杀于报社的会客厅。在佛罗里达州,未经当事人许可进行录音是非法的。德费德解雇案在新闻界引起了争论。一些人认为,停职检查、再培训就能向员工传递足够的责备信息。但也有些人认为,一个零容忍政策能让员工心无旁骛地遵循道德规范。

苏兹伯格的行动帮助他在《纽约时报》和读者中重建了信任,并引领新闻业发起了一场运动,攀登报道准确性标准的新高度。针对担心编辑和记者的道德观念松懈,在美国报业编辑协会的支持下,美国报界对大学新闻系学生是否接受了足够扎实的道德教育发起了一次调查。

他山之惑

《纽约时报》的行为同其他公司形成了鲜明对比,很多公司靠混淆视听和托辞从麻烦中解脱。《纽约时报》通过全面披露真相来回应布莱尔和朱迪·米勒的问题报道,同时,报社实施根本性改变,以防止此类情况的复发。不幸的是,一旦发现问题,仍有许多其他管理团队不能及时对问题进行评估和披露。这些例子同样具有启发性。

例如,BBC 明显缺乏追求透明的热情,最终导致这家新闻机构的负责人被迫辞职。因报道英国政府宣称伊拉克存在大规模杀伤性武器,BBC 遭到批评。BBC 负责该事件报道的记者安德鲁·吉利根(Andrew Gilligan)承认,他的研究并不支持文章的观点,高层明知消息有误仍决定夸大事实。但是,因不实报道遭到其他媒体和英国政府官员的批评时,BBC 新闻总监理查德·桑布鲁克(Richard Sambrook)坚称,BBC 的报道是正确的。甚至在政府调查认为 BBC 夸大了首相刻意对情报施加的影响时,吉利根仍强调报道总体是准确的。

这则故事的寓意取决于你是否相信英国政府对事件的解释。但是,一个调查委员会明确指出,BBC 应该对"扭曲或篡改新闻,以迎合记者眼中的真相"负责。因此,BBC 的 80 年声誉受到影响,不是因为一名记者,而是因为这家新闻机构做错了事情——它不愿彻查自己的报道。政府调查小组领导人赫顿勋爵(Lord Hutton)说,应该受到谴责的不仅是管理者未建立完善的管理和编辑系统,还有他们在新闻激起颇多争议后的行为。如果 BBC 当初尽快调查记者的行为,并将结果公之于众,BBC 董事长格雷格·戴克(Greg Dyke)和监事长加文·戴维斯(Gavin Davies)的辞职是完全可以避免的。

壳牌储量丑闻

荷兰皇家壳牌的高级管理人员是另一个例子。在最近 10 年中,因为未能适当处理在公司石油储量陈述中的重大错误,他们付出了沉重代价。一家石油公司的最基本价值就在于其石油储量。因为一个关于公司石油储量的夸大声明,荷兰皇家壳牌发现自己陷入了危机,但它在一年后才披露其中的内幕。

2001 年,菲利普·沃茨爵士从勘探董事升职为主席。他随即对公司的石油储量做出十分乐观的评论。这罔顾了后来报告揭露的事实:在沃茨爵士还是勘探和生产董事时,公司的夸大储量的步伐已经加快了。

早在 2002 年,公司备忘录就显示,公司内部出现了有关石油储量可能被夸大的讨论。其中一份备忘录是由新勘探董事沃尔特·范·德·维杰威(Walter van de Vijver)写的,他说他"厌倦了(关于储量的)谎言"。在随后的 2002 年和 2003 年报告中,他继续质疑储量估算的问题。对于石油公司的形象和业绩来说,石油储量是至关重要的。很显然,在这期间,壳牌并没有为揭露这个问题作出任何努力。事实上,2003 年 10 月,壳牌两个董事会(双公司和双董事会结构)的审计委员会都收到了例行的储量简明报告,但其中并未有存在问题的任何提示。

直到 2004 年 1 月上旬,在一次分析师和媒体的电话会议上,董事们才被告知石油储量被过度估计了。但是,壳牌董事长菲利普·沃茨爵士并未出席。他授意公司的投资者关系经理发布了这个消息。最高管理者的缺席显示出这家公司不愿意对任何错误负责或纠正问题。对于容许如此严重的错误发生,并且不将之告知关键利益相关方的管理团队,任何董事会都不会给予其支持。几周后,菲利普爵士被要求下台。

在随后丑闻中,荷兰皇家壳牌不得不 5 次重新申述其石油储量。美国和英国的监管者对此展开调查,最终就公司误导投资者的行为破纪录地处以近 1.5 亿美元的罚款。

正如观察家当时指出的,在这个案件中,人们说谎并不是为了给自己谋利。其中的动机更加微妙,许多执行官都受到它影响。伦敦《泰晤士报》的佩兴斯·惠特克罗夫特(Patience Wheatcroft)评论说:"在危机时刻,自我通常比金钱更受重视。"菲利普·沃茨爵士建立了《泰晤士报》所谓的"个人封地"文化,数字在其中代表着一切。《泰晤士报》评论说:"某个强势的人领导着一家企业,周围的人都不挑战他,这家企业就可能发生类似情况。"

危机之中的默克公司

拒不承认错误，或者试图掩盖错误，会让利益相关方相信公司管理层是恶意为之。2004 年，默克制药公司将骨关节炎治疗药品万络退出市场。但是，早在 1997 年 2 月，就有一名默克公司的研究员写过一份内部备忘录，称万络"增加了心血管疾病发作的可能性"。2001 年 9 月，美国食品药品管理局裁定默克公司非法营销万络，因为公司呈送的药品安全性文件不够充分。两年之后，哈佛大学在波士顿布里格姆妇女医院的一项研究发现，与辉瑞公司的同类竞争药品西乐葆相比，万络引起心脏病发作的概率更高。万络退出市场之后，医学杂志《柳叶刀》的一篇文章表明，万络在美国有可能造成了 14 万例严重心血管疾病的发作。美国食品药品管理局也认为此药品与心血管疾病发作有关。有批评家称，默克公司早在几年前就知道真相，但疏于采取行动，未警示医生或病人。

这场危机不应该出乎默克管理层的预料。当人们发现以董事长兼 CEO 雷·吉尔马丁（Ray Gilmartin）为首的管理层缺少开诚布公的努力时，更加怀疑管理高层早就知悉万络增加了死亡风险。就连默克的员工也很少见到吉尔马丁本人，他被称为"隐形人"。吉尔马丁不愿站出来展示透明日益成为一大问题，公司也接二连三遇到困难。除了万络事件，还有关键产品的专利到期、增长缓慢以及员工冗余等问题。卡罗尔·希莫维茨（Carol Hymowitz）在《华尔街日报》写道："抗拒坏消息不会让它消失，只会引发更多的问题。"

在默克首次因为万络出庭期间，吉尔马丁的隐身还在继续。一位 59 岁的铁人三项运动员的家人控诉说，万络引发了他的死亡。"吉尔马丁本人没有出庭，只是用一段视频讲话来替代自己"，一位陪审员回忆说，"大人物没有到场……我觉得很不舒服。这无疑表明他们负罪在身"。

法庭裁定默克公司应该承担责任，并评估病人遗孀应得 2.53 亿美元赔偿，最后根据得克萨斯州的责任限额，把赔偿金减少至 2 600 万美元。火上浇油的是，就在判决的同一周，默克董事会通过给 200 名高管分配黄金降落伞的提案。投资者气愤难耐，到 2005 年年中，默克公司股价已经下跌了 60%。吉尔马丁离开了公司，4 000 多名病人提出诉讼。估计默克公司需要赔偿 20 亿—200 亿美元。

默克公司陷入严重危机的一个重要原因是，对于自己的行为正在摧毁一个新利益相关方，即潜在的陪审团成员对公司的信任，管理层采取了无动于衷的态度。得克萨斯州的公开审判将人们的注意力从科学事实转向诚信缺失引发的愤怒。一位陪审员说："尊重我们，这是教训。"这句话对默克公司的困境作出了总结。

抓住领导力契机

公司拒绝承认错误或公开讨论问题的例子屡见不鲜，其中包括一些已赢得多年良好声誉、成为优秀企业公民的著名公司。过去 10 年，社会透明度大幅增加，似乎有更多的公司高层领导投机取巧，或者判断严重失误。的确，过去 10 年内，上市公司的财务重报次数大大增加，1997 年有 59 次，2005 年仅上半年就有 195 次。这表明公司亟需提高警觉，进一步认清说出真情的重要性。

隐瞒真相的诱惑从来不会消失，尤其是在一场由媒体引发的危机面前。一旦错误出现，领导者必须决然承担责任，不论其大小。这不仅因为问题在被忽视、否认或掩盖时会变得更糟糕，其中还有更深层的原因。"责无旁贷"为哈里·杜鲁门赢得了声誉，不仅因为这是一种阻止问题继续恶化的哲学，而是由于公众认可这个信条，将其奉为领导力的标志。哈佛大学教授罗莎贝斯·莫斯·坎特（Rosabeth Moss Kanter）指出："常胜将军在承认错误时不太会产生负面影响。相反，人们会认为他们的力量足以承担责任。"

"丘吉尔说，'坦承错误是自我完善的开始'"。高盛 CEO 罗伯特·霍马茨补充道："最高的智慧在于理解自己的错误，承认错误。如果你不坦诚,何谈改变的动力?"

"我们总会犯错,有些时候甚至是重大错误",诺华公司 CEO 丹尼尔·魏思乐说,"在这个方面,你一定要诚实,但更重要的是对自己诚实,对作为自己人格一部分的良知、癖好、弱点诚实。如果你能面对这些,明白人无完人的道理,你就能够面对外面的世界"。

争得主动,迅速承认错误是很难做到的,因为这不符合人类的天性。赶到问题前面、开诚布公需要勇气和领导力,但它是生存和前进的唯一道路。

本章小结

1. 实施全面披露。首先要发布消息。由你把这个消息发布出去。要吸取苏兹伯格的教训:"长痛不如短痛。如果你认为问题很小,能够遮掩,你就是在欺骗自己。你要走在事情发酵之前,并接受即将进入艰难时期的现实。不过,你会因此获得信誉。"如果你一开始就站出来,并对问题作出回应,"最痛苦"的情况仍比你闭目塞听直到被迫改变更容易处理。

2. 接触关键的投票者。要考虑每个关键的利益相关群体,并且了解怎样才能满足他们的各种需求。在杰森·布莱尔丑闻中,利益相关方包括《纽约时报》的董事会和苏兹伯格家族。同时也包括处于危机中心的编辑部和《纽约时报》读者。苏兹伯格明白与所有这些利益群体接触的重要性。

3. 开拓信息网络。要解决一个问题或克服危机,你必须获得事实。这要求你更深入地接触公司内部。不要过度依赖通常的资源或直线报告。听听企业不同层级的人如何说。莱斯大学管理学教授杜安·温莎(Duane Windsor)说:"最好的总司令官会花大量的时间进行私下谈话。"

4. 鼓励内部报告负面信息。设立一个鼓励报告负面消息的程序,使你能迅速了解问题。领导者不知道出错,当然不会承认错误。"领导最后一个知道"是太多企业中的规律。人会本能地倾向于只向领导报告好消息。可以设立一个系统，确保公司的执行层能迅速了解问题。

5. 要有耐心和恒心。要明白任何引起重大后果的失误都会对最高管理层产生长远的影响。苏兹伯格说："在事情发展的速度不同寻常、从不停歇时，跟随而来的是更大的困难，也就是说，即使事情结束了，对于最高管理层来说它却仍未结束。"

6. 抓住机会，做出根本的改变。对重大错误作出回应提供了一个机会，即深入挖掘问题根源，从系统和程序上作出本质改变，以确保质量。问题是怎样发生的？为什么会发生？谁在什么时候知道了什么，他们当时应该采取什么举措？苏兹伯格说："布莱尔只是煤矿里的金丝雀。比布莱尔更深、更基础的问题，才是我们必须长远解决的。"

7. 抓准展现领导力的时机。领导者体现着一个企业的价值观。他们说出真相、保持可见、担负责任是至关重要的，然后才是重建信任和自信的流程。企业领头人在危机时刻直面问题会创造令人惊异的不同。在形势良好时也一样。

第四章 危中生机

千里之行,始于足下。

——老子

我们将坚持专注责任绩效。这是一项需要在几年乃至更长时间坚持实行的原则,而不是每年换新招的权宜之计。

——艾德·布里恩,泰科总裁兼CEO

2002年夏,艾德·布里恩决定接任泰科国际CEO一职,人们完全有理由认为这是其事业生涯中一次失智举动。前任CEO丹尼斯·科兹洛斯基(Dennis Kozlowski)因挪用公款、中饱私囊,刚刚被迫离职。媒体大显神通,争相曝光科兹洛斯基的奢华生活内幕,价值6 000美元的黄金浴帘和耗资几百万美元的生日派对成为了焦点。

科兹洛斯基成为频频曝光的臭名CEO典型形象,然而,泰科面临的困境不仅是离职的CEO被千夫所指。科兹洛斯基在任职期间花费630亿美元并购了大量杂乱的公司,这给他带来了"每日一购的丹尼斯"的绰号。到2002年,这些鱼龙混杂的公司已经无法维持,投资方和客户都对这个庞大的集团失去了信心。泰科的110亿美元贷款即将到期,负债总量更是高达 2 810 亿美元,公司似乎已经走上了破产的道路。

妻子琳恩(Lynn)反对布里恩离开摩托罗拉。布里恩在摩托罗拉经过几次升职,刚刚成为公司总裁和 CEO。根据布里恩的回忆,妻子对他说:"你这样做简直是疯了。你本来有可能在今后的 20 年内管理摩托罗拉,为什么会作出这样的举动?"

布里恩不是不清楚挽救泰科将会面临重重困难,甚至像有些人认为的那样,是根本不可能完成的。"不仅仅是丑闻",布里恩回忆道,"更大的问题是公司日益恶化的流动性危机"。布里恩要求每个业务单元上交月度损益表,却被告知它们不存在,由此他意识到这家公司已经处于失控的局面。

然而,布里恩也看到了别人没看到的一面:泰科隐藏的力量。剥去之前 5 年几百次并购造成的冗余,布里恩将未来的泰科定位为一个规模更小、机构精简、立足专业的公司,能够利用泰科的主要资产,发展电子、医疗和安全领域的业务。"我真的努力去研究最深处、最本质的问题",他解释说,"放眼未来的几年,我认为泰科大有可为"。

在布里恩的观点中,最重要的是他相信自己就是接受挑战的那个人。"通过研究现状,我感觉自己真的能够带来深远的影响,真的能够解决现在的困难。一旦我下了这个决心,就不会怯于冒险。这看起来很令人兴奋。"

图 4.1 "现在我们闭上眼和耳,让拿走 42.8 亿美元的人把钱交回来。"

有些公司因高层受到刑事诉讼而未能生存,比如世界通讯公司和安然公司。名誉受损又缺乏领导力的公司通常会遭受"毁灭"。相反,一位敢于在困境中担负起公司责任的坚强领导者本能地知道:重建信任是公司获得新生的最关键一步。布里恩明白,自己要有耐心,自己有可能会面临较长时间的信心重建,自己必须展示情况正在迅速改变。在驱散疑虑、重获信任之前,必须保持财务目标始终得以实现。对于成功的领导者来讲,这意味着与主要利益相关方建立信任关系,从而在公司内外重启信心,确保公司的每位成员都围绕着相同的目标团结在一起。

布里恩上任百日

布里恩想要迅速行动,重建泰科与最重要的两个利益群体之间的信任。"第一,我想要员工看到公司即将做出彻底的改变,我们有决心把问题解决",布里恩回忆道,"我发现,如果分布在全球的一万名销售人员都与他们的客户联系中断,或者表达出形势急转直下的观点,公司就没有出路了。第二,或者也可以说前提是,我们的投资方需要有耐心,给我们一些时间来修正问题。然而,要想让他们有耐心,就要让他们看到公司在第一个百天内能够发生迅速而彻底的改变"。

因此,布里恩作为 CEO 的第一个正式行动就是向员工解释自己加入泰科公司的原因,为什么他会看到泰科的巨大潜力,以及他上任第一天就要在公司贯彻的基本原则。他特别强调以下六点:

1. 公司上下坚决信守正直和诚信;
2. 不断致力于创造和践行最佳治理实践;
3. 一贯提供优质产品和服务以求客户满意;
4. 专注能成为行业领导者的业务;
5. 认识到发展将会为泰科员工带来新的机遇和积极的工作环境;
6. 作出展望:只要以上 5 个目标得以实现,泰科就能恢复与利益相关方之间的信任,其股东价值也会得以恢复。

布里恩深知,泰科彻底转变所需的绝不仅仅是与员工进行鼓舞士气的谈话。在上任的第一个百天,他采取了一些大刀阔斧的措施以表明自己的严正态度。他的最具戏剧化的决定是更换了整个董事会以及 300 个公司最高层职位中的 290 人。

"我们很快就可以说这是一个全新的公司,与过去的泰科完全不同",布里恩解释自己这样做的原因,"几个月内,我们引入世界顶尖人才,重建了公司的最高管理层"。

布里恩的另一项告别过去的措施是,把泰科原本位于曼哈顿的俯瞰中央公园胜景的奢华总部转移到位于新泽西州普林斯顿的一个普通的办公园区。"如果你去位于普林斯顿的总部,你就会发现,在那里工作的500个人中可能只有10个是我到任前就在泰科工作的",布里恩说,"我们彻底重建了公司的高级领导层,打造了全新的团队"。

布里恩认为,泰科已经陷得如此之深,所以清理门户是在公司内部重建信心的唯一方法。然而,他也保留了一些高层管理人员以及遍布全球2 000分部的许多员工。高盛公司副主席罗伯特·霍马茨认为,即使在最彻底的转变中也要避免冒进。"员工们了解哪些人是优秀的。如果你简单粗暴地将所有人开除,他们就不会明白什么是价值",他解释说,"布里恩通过保留一些优秀员工,重新强调了人才资产的重要性。改变是迅速的,但也表现出了公平,这就在企业员工内注入了未来困难时日中所需的信任"。

布里恩是公司领导者的典范,他说服心存疑虑的利益相关方暂时放下偏见,为商业模式的彻底改变和展示结果争取时间。一旦公司出现好转,就能够使利益相关方在更长的时间内信服公司的管理,直到公司完成整个转变。当然,在最初的改变得到实行之后,积极的财务表现也会产生推进作用。以泰科为例,2005年6月之前的两年内,公司的股票价格增加了200%,负债额从2 040多亿美元降至1 440亿美元,负债占资产的比例从41%降至27%。股价的上升标志着布里恩已经走上了新的道路,尽管这条路的前方还会有无数艰难险阻。

返璞归真

对于类似泰科的情况,一条绝佳的解决之道是:不论出事以前是怎样做的,现在要反其道而行。这不仅仅包括一家受到重创的公司为了重新站立而转变方向。领导者要公开、明确地重设他们的商业目标和期望。是的,这样做可能会引起混乱,然而你还是必须打破原有的框架,以激发员工的斗志,重振他们的士气。如果情况恶化到了一定程度,员工肯定会希望你这样做。在这种变革成为必要的关头,他们早就在全面质疑之前的决策失误和官僚腐败。在泰科的案例中,脱离科兹洛斯基道路的急剧转变——还算不上 U 形转变,意味着过去科兹洛斯基恣意并购的发展战略的终止。"过去的泰科,"布里恩解释道,"是全世界最大的并购机器,就像是一家私募股权公司。加入泰科后,我立即宣布我们将要变为世界顶级的运营公司,至少在几年之内不会进行任何并购"。

相反,布里恩开始了撤资行动,关闭了与泰科主要业务不符的公司,出售了一些公司,合并了剩余的公司。布里恩到任时,他统计出泰科拥有 2 100 家子公司,用他自己的话来说,"太多容易摘掉的侧枝。"两年后,他仍然在裁减、关闭或出售约 50 家公司,这些公司价值 21 亿美元,占泰科总收入的 5%。

当然,有效的逆转并不总是意味着撤资行动,甚至也无关于重返对公司核心业务的专注。急剧转变是否有效,通常取决于是否脱离了原来的毁灭性道路,是否对重建信任存在深层的需求。

雷诺大逆转

通过鼓励员工参与,显示对深层文化的关注,也可以开启一场逆转。1999 年,当雷诺 CEO 路易斯·施瓦茨(Louis Schweitzer)投资 54 亿美元购入日产汽车公司时,他清楚自己面临着一项艰巨的任务。当时的日产公司正在苦苦挣扎。多年以来,日产公司勉强度日,盈利困难,在美国的知名度很低。多种问题之中,最严峻的是产能过剩和边际利润单薄。雷诺公司当时也是全球公认的失败者。很多观察家预测两家公司的合并将标志着同时走向灭亡。

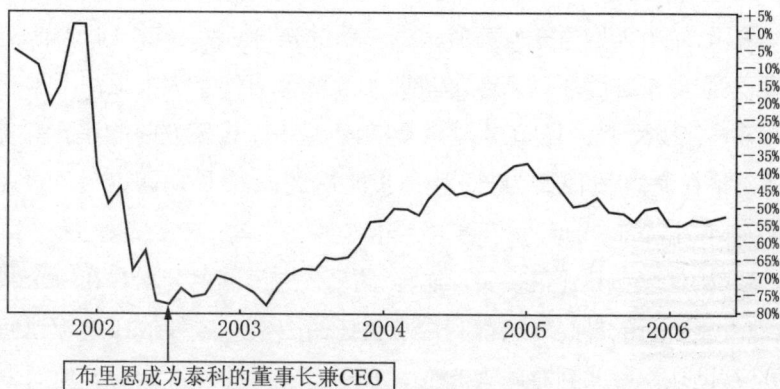

布里恩成为泰科的董事长兼CEO

图 4.2 泰科 5 年内股票收益率

施瓦茨选择卡洛斯·戈恩（Carlos Ghosn）来领导日产公司,负责实施转变。戈恩知道,这家日本汽车制造公司的重新盈利必须依赖创新。作为受雇于一家法国公司来拯救一家日本汽车制造企业的一名巴西人,戈恩决定摒除自上而下的解决方案,否则他很可能被看作一个不了解公司深层文化的外来人。为了寻找解决方法,他创建了跨功能团队,以使"管理者放远目光,超越决定他们的直接责任的功能或区域界限"。参与这个行动的 500 名中层管理人员和两名高级董事分成若干个小组,用 3 个月的时间去评估一个具体运营单位,并给出建议。最终,他们建议做出的改变与日本的商业文化完全不同,包括大规模裁员和停业,选择性地进入新市场（如日本的微型汽车市场）,以及进行战略投资（如在墨西哥生产雷诺汽车）。论资排辈的规矩为了控制成本而让路。业绩取代更具日本特色的任期和年龄,成为员工升职的关键因素。薪酬体系更加注重业绩。责任被详细定义,逆转了避免精确描述高层经理责任的文化倾向。

然而,将这一切改变凝聚在一起的是信任。戈恩表示,"人们必须相信自己能够讲真话,也能够信任他人的话。建立信任是一项长久的工程。

处在管理位置的人必须要让人们看到自己言出必行,这需要时间来证明。"

戈恩坚持要求自己收到的每一份报告都要"完全清晰、属实"。他还明确表示,希望人们恪守自己的诺言。反过来,他保证,自己若不能信守承诺,就立即引咎辞职。戈恩在任期间,雷诺和日产都大大提高了盈利水平和客户接受度,公司员工更具自豪感,也赢得了投资方的关注。雷诺的股票价格在戈恩被任命为母公司 CEO 后的 9 个月期间上升 20%,从 2005 年 1 月到 2006 年 2 月,再次上升 30%。

泰科、日产和其他很多实现逆转、脱离失败道路的公司存在一个共同点,即每家公司的最高领导都利用了信任的力量。这种信任给予他们恢复力,帮助他们争取到时间来改变一家迷途公司的思维定势。他们激发一家成熟公司的利润,有的是让公司悬崖勒马。尽管这些公司各自的问题多种多样,解决方式也各不相同,然而他们的领导人都能够通过专注的行动重启发展的引擎,鼓舞员工的士气,并且转变投资方的态度。在获得一定的调整空间之后,他们就能够开启新的篇章。

泰科创建新蓝图

更换整个董事会和大多高层管理团队人员仅仅是艾德·布里恩改变泰科的第一步。显而易见的是,选择正确的接任者具有同等重要的意义。"在重建团队和董事会时,我们努力思考了一系列建立世界级运营公司所需要的人才",布里恩回忆。布里恩意识到,有必要通过聘用什么样的人来向员工和市场展示泰科公司的未来。

雇用热衷于并购的员工显然不是泰科的选择。一个例证是布里恩最早招募到的鲍勃·弗朗茨(Bob Frantz),弗朗茨之前在通用电气负责飞机引擎业务,到泰科主管环境健康和安全工作。弗朗茨的任务是在运营领域为公司设定超过最低司法标准的准则。另一个例子是布里恩在摩托罗拉的同事埃里克·皮尔莫。他加入泰科成为负责企业治理的高级副总裁，在此书写作之际仍任此职。皮尔莫成为公司道德架构的工程师之一，旨在推动公司走出过去的失败局面的同时提高自己的效益。"当时情况危急"，他说，"我们意识到要想建立艾德（布里恩）的领导地位，关键是要在公司内创建一套他信仰的价值体系。有人告诉我们价值体系从内部逐渐发生作用需要 9～12 个月的时间，然而我们认为必须更快地完成这个过程"。

那些价值标准现在就印刷在公司随处可见的海报上，也印在公司的建筑物上：正直、责任、团队和卓越。这些价值标准通过 15 种语言在全世界的 24 个城市中传递，也在泰科的网站上有所体现。价值体系的核心组成部分叫做"正直为重"和"效益为重"，同时也强调具体的行为，比如"经理人勇气"（例如说出低层员工的心声，代表高层作出回应）。"薪酬并不是基于这些价值标准来计算，然而它们必然会影响业绩评估和升职"，皮尔莫说。

皮尔莫还相信，将这些价值标准融入公司的方式也促成了他们的成功。简而言之：

1. 建立领导人信仰的价值体系；

2. 创建道德行为指南，用于员工培训，应包括可能出现问题的说明和解决方法；

3. 建立和进行训练，设立奖励以确保训练效果；

4. 要求员工和管理层签署协议，遵守价值标准。

皮尔莫指出，2004 年，针对某股东提出的对全公司环境管理体系进行评估的要求，泰科举行了一次投票，很少有公司能够对其股东抱有如此支持的态度。"这项举措例证了泰科对于利益相关方的新态度"，皮尔莫说，"发现好的理念时，我们就立即推行。我认为我们员工和股东在 2002 年改变公司命运的行动中都拥有很强的话语权。你可以花大价钱请顾问告诉你解决方法，或者也可以走出办公室，到外面与股东、客户和员工交谈。只要你认真听取，就能够获得更棒的主意"。

布里恩在早期就制定了整年的行程安排,计划为泰科的每一家运营公司做详细的评估。他想要亲自确认每位领导都深知自己的职责所在,杜绝部门主管或者其他高层领导通过并购来获得结果,或者盲目乐观。"没有任何奇迹会发生",布里恩承认。一改以往的自由主义管理风格,泰科每月都举行一场运营评估会议,由布里恩亲自主持,旗下每家公司都要参加。会议内容包括对公司战略、资本分配和组织领导力等方面的评估。

六西格玛重获控制权

过去的泰科拥有数百家运营公司,几乎不可能辨识关键流程并设定优先事项,资源分配问题更是如此。随着公司逐渐精简、专业,布里恩提出公司需要实行六西格玛流程改善战略。他致力于让泰科的员工明白,他们所有人都可以利用六西格玛来获得优势。正如杰克·韦尔奇的一句名言那样:"一旦你明白了最简单的原理,即'差异意味着麻烦',你就完成了成为一位六西格玛专家的60%努力,另外40%就是排除将会带来麻烦的差异。"

布里恩到任的第一年,泰科将2 500名员工(占员工总数的1/10)培训成为六西格玛"绿带"或"黑带"。黑带员工全职负责这个项目,被分配到泰科遍布世界各地的工作地点,负责向运营公司的总裁汇报。绿带员工为这个项目提供协助。每年都有2 500名员工接受培训。"这个过程并不容易,要花很长时间",布里恩说,"然而,我们在构建驱动力,所以它都越来越好,我们越来越接近六西格玛文化。久而久之,你建立起一个能够理解你的理念的全公司网络,开动它,让它运作"。

在2004财务年,布里恩将六西格玛原则应用到1 100个不同项目,共计节约成本2.78亿美元。它们中的大多数解决了以下4个具体问题:

1. 厂房过剩;
2. 地产闲置;

3. 营运资金严重缺乏；

4. 采购决策权过于分散。

布里恩从泰科分散而冗余的工厂着手，以实现"彻底打破原有桎梏"的目标。他建立标准，以对比每个制造厂的效率。那些在生产成本方面处于劣势的工厂迅速被关闭，或者被更加高效的工厂合并。基于细致、严格的原则，一些分支机构被彻底关闭。

布里恩运用六西格玛技术将那些具有规模经济效益的工厂与其他工厂区别开，使泰科成为南卫理公会大学考克斯商学院（Cox School of Business at Southern Methodist University）大卫·雷（David Lei）和小约翰·斯洛克姆（John Slocum Jr.）所谓的"集成公司"，一家"致力于通过利用整个行业的规模经济效益以实现成本效益和流程效率最大化的公司"。

接着，布里恩专注于泰科不动产的合理化。面积高达数百万平方英尺的实体工厂被彻底淘汰，仅 2004 财年淘汰的工厂面积就达到 700 万平方英尺。被淘汰的大多是在上一步流程中辨识出的多余且效率低下的厂房，但其中的很大一部分是源于承认和修正科兹洛斯基时代的奢华之风。泰科大肆并购时期的曼哈顿总部和相当数量的冗余厂房被出售。变卖地产是泰科充分利用实体资产、消除冗余的整体战略的一部分。"我们这样做不是在缩小公司的规模"，布里恩解释，"在我们缩减实体工厂规模的同时，销售业绩在保持增长"。

泰科推行六西格玛战略中最关键的一环，也许是一项最大化营运资本的项目。现金流从 2002 财年的 7.8 亿美元增至 2003 年的 32 亿美元，乃至 2004 年的 40 亿美元。

最后，布里恩还将六西格玛用于控制日常开支。包括电话服务、运输服务和办公设备在内的任何采购项目都要统一管理，所有的采购决策权都属于泰科公司，无需由几十家运营公司各自进行几十次购买。批量折扣、运营效率以及其他控制成本的措施，使日常采购更加合理，每年节约采购成本约 3 亿美元。令人惊奇的是，很少有大型的企业愿意承担复杂的物流（更不要说抱怨），以实行这种常识性的利润扩大方法。然而，正是这些简单的行动能够让员工们说:"公司里终于有人聪明了。"这种态度对于一个新领导人来说不算坏。

当然,布里恩说,一些运营公司的情况已经能够符合标准,无需作出太多调整就能达到六西格玛的严格要求。布里恩明确向各个利润中心主管表示,他们是新泰科的一部分,从而赢得了这些主管的信任。"我们告诉他们,'我们将坚持专注责任绩效。这是一项需要在几年乃至更长时间坚持实行的原则,而不是权宜之计。'"不像过去的泰科那样花大力气整合一次又一次的收购,新泰科要求员工以最高的效率运营现有的公司。他们被要求把这种做法化为自己的生活方式。

基于信任建立恢复力

布里恩不能空想泰科的员工们会信服他的变革计划。他必须依靠努力向员工证明他们可以信任他,信任他的理念和他最近招募的管理团队。"我们要求员工接受巨大的改变,包括全新的董事会、总裁和主席以及管理团队",布里恩回忆,"令人惊叹的是,人的精神是如此强韧,只要他们认为'我们正朝着一个明确的目标努力!'就能够紧密团结、齐心协力。当我们的员工认为能够看着你登上山巅,积极的改变正在发生,他们就能爆发出恢复力"。

布里恩在泰科的3年间与几万名员工进行过交谈,从高层管理人员到泰科最偏远工厂的员工。他认为,这种交流中的最关键是承诺说出真相。他刚就任CEO时,那些一线员工完全了解公司的危机形势,他们有理由担心失业。他们想要布里恩给出一个处理公司流动性危机的确切方法,尤其是布里恩是否会为了筹集资金而变卖泰科的主体部分,也就是他们工作的地方。

"如果你与员工们开诚布公,告诉他们事实的真相,就会产生令人惊奇的效果,"布里恩说,"这就是我的处理方法。我还没有发现所有的解决之道,但是我正在为之努力"。

高盛国际副总裁罗伯特·霍马茨曾经见证了很多公司的生死挣扎。"你真的需要改变员工对公司的看法,同时你也在改变公司本身",他说,"让员工们站在一家大公司的位置上思考,而不是站在许多小公司的位置上思考,需要付出巨大的努力。对于布里恩而言,人们相信他是真的想要扫清障碍,而且不会牺牲基本的利益"。

在回忆公司巨变时,很多CEO都说他们引入改变措施是必然的。当然,他灌注立足长远的理念。当然,他取消了分散公司核心实力的业务。当然,他传递一个所有支持者都能获益的信息。当然,他带来了一个焕然一新的管理团队。

然而,各级领导者都明白,当时实行改变的过程远比现在回过头再看要困难得多。有趣的是,你能够通过信任的力量得到支持。困境中的公司或者部门主管渴望一位领导者,你被给予了很大空间——无论成败与否。在很大程度上,一次长期的逆转取决于你能否说服利益相关方相信你知道问题的解决方法,你自己是否相信并不重要。布里恩知道,自己能够通过带来积极的财务表现,使利益相关方相信公司已经度过了危难。然而,他也明白美国证券交易委员会(SEC)的调查和集体诉讼将继续影响人们对泰科的整体看法。为了改变这种情况,布里恩必须鼓舞士气。

致力于透明和持续沟通

根据我对实现逆转、脱离颓势的公司的观察,成功转变的关键在于专注、直接的沟通。艾德·布里恩也确实认为,沟通甚至超级沟通是成功重建过程中至关重要的一环。当你作出决策时,整个公司都在关注你的一举一动,这时不应该保持神秘,而应该对你的利益相关方开诚布公。布里恩发现,仅仅公开这个行动就能使人们团结起来,开始重建同事感情和新的企业文化。

　　就你转变设想的每一个方面广泛、真诚地进行沟通,是领导者必须下决心做的一件事。不幸的是,你的本能会驱使你走到相反的方向。当你处于一个转变过程中,你往往不想公开大规模改变的设想,除非你能确定这些改变能够起到作用。德勤公司的领导者就是这么做的。经过数月针对分立两家公司的公开讨论和准备,2003 年中期,德勤公司突然宣布不会分立其咨询公司。德勤咨询的 CEO 保罗·罗宾逊(Paul Robinson)称这个结果为"心理鞭笞",对于公司的 2 万名员工和 5 000 名合伙人是毁灭性的,"因为我们已经为他们创造了一个将会在市场中表现卓越的独立咨询公司的完美前景。我们作了充足的宣传,几乎所有人都已经接受了这个前景"。如果能让员工和其他利益相关方做好分立计划有可能失败的心理准备,就能减轻事件带来的损失。"你花了大量的时间、努力、精力来说服包括自己在内的每个人,让他们相信你正在进行的命题是正确的,是最棒的解决方法,突然之间,你的方向发生了大逆转",几个月后,罗宾逊回忆,"我发现只有一件事情比分立更难,那就是你决定分立之后又要重新融合"。

　　罗宾逊说,重新融合需要在沟通方面做出极大的努力。"这似乎就要求我们在一天内几乎保持 24 个小时沟通。"罗宾逊和其他高管成员敞开大门,承担后果。"员工们想要对着某个人吼叫,我们的管理层自愿成为他们吼叫的对象",罗宾逊说。员工大规模参与的电话会议频频举行,使员工们能够提出问题和收到反馈。罗宾逊认为,全员沟通的努力是将全新的德勤咨询变得比计划分立出的公司更强大的关键因素之一。"只需要以诚待人,就能取得极好的效果",他说。

热爱带来热情

　　领导者是否应该爱他们的新型商业模式?"你必须对自己正在做的事情充满激情",艾德·布里恩说,"当你处于危机之时,精力将完全被占用。不论工作日还是周末，你都要工作，所以你必须用强烈的愿望支撑自己。激情对于一家处于危难的公司极其重要。人们正在经历重重困难，有可能是新管理团队一上任就要不停地救火，有可能是员工担忧他们的未来"。

拥抱变革能够帮助领导者应对这样一个现实：一天的工作结束之后，他是真正的孤身一人。即使那些经过层层提拔的人，在这些重要关头也无法逃脱人事调整。这意味着，至少在新加入的关键人才适应彼此的工作关系之前，领导者周围很可能没有可以信赖的人为他们出谋划策。即使曾经的同僚也无法继续信赖，因为危机会损坏所有的关系。然而，如果你真正相信自己正在制造改变，你就能够承受来自利益相关方的巨大阻力，不被打败。

不要惧怕重申自己的观点。每位高层领导者和政客都清楚，当你完全厌倦听到自己一遍一遍地重复同样的话时，你的听众就开始明白和接受你的想法了。用口号和标语表达自己的观点，公司内外都要覆盖。是的，人们会告诉你标语会被当作一种幼稚的形式，甚至是纯营销手段。但是人们能够记住它们。要确保你发出的这些简短、清晰的信息适合你谋划的大逆转。

要学会庆祝成功。庆祝和纪律听起来也许是矛盾的，但布里恩认为，它们都是成功转变的核心部分。他指出，在危机状态下需要专注几个首要目标。你要列出自己要完成的十个以下的目标——越少越好。"你不能对周围发生的每个小状况操心"，布里恩说，"如果我总是听别人或者媒体的话，我就会因为几百个问题的干扰而崩溃。最重要的解决方法是，着手你必须解决的问题"。通过专注于几个首要目标，公司能够在取得一些进步时进行庆祝，并在它们成为常态之后，再庆祝另一些。

那么，乐趣何在？布里恩说，乐趣随着工作而来，在他看来，没有什么能比面临挑战更令人振奋。"很多人曾经对我说，'艾德，我在第一年体会到了职业生涯中前所未有的乐趣。'第一年高度紧张、压力巨大，但发生了很多振奋人心的事情。"这是所有的执行官都应该培养的一种态度，无论是否处于危机时刻。对小成功的满意感终将带来大成功。庆祝这些里程碑能够提振士气，创造热情，最终提高生产力，从而在艰难时期支撑公司。

以"正常公司"的形象重新亮相

最终，像过山车那样的逆转驶入正轨，开始平稳的正规发展。自激烈变革之后，泰科朝着稳定性和盈利性方向取得了不俗的进步。然而，像布里恩这样的领导者不愿意宣告胜利。相反，他们知道这些转变是一种生活方式，是公司未来专注运营和有机发展的关键。

成功实现一系列预设目标标志着情况已经恢复正常。在泰科的例子中，这些目标包括通过增加现金流动，修正资产负债表，将负债减少至100亿美元；回购股票以创造附加股东价值。"我们正在朝着我们的目标而努力：成为一家高投资评级公司"，布里恩说。他最近一项增加股东价值的举措是探索分解公司的可能性，以求每家新的实体能够分别专注于泰科的三大专业领域之一——电子产品、医疗和安全。

布里恩指出："转折点可能就是当我们突然意识到大火已经被熄灭时候。我们正成为一家正常的公司。现如今，处理法律问题不再占用我们较多的工作时间。"英特尔前 CEO 安德鲁·葛洛夫（Andrew Grove）也是逆转战争老将，"企业经历战略转折点就像冒险进入我所说的'死亡谷'，穿过转变的重重困难，旧的经营方式被新的取代"。令布里恩欣慰的是，泰科以创纪录的速度成功走出了死亡谷。

本章小结

1. 返璞归真。只有不断达到财务目标，信心才能重获。
2. 告别过去。不论失败时你是怎样做的，现在要改变方式。

3. 快速行动。让人们看到一些立即的行动，但要做好信心重建持久战的准备。

4. 改变思想。对员工开诚布公。在改造公司的同时，改变员工对公司的看法。

5. 沟通，即使是在不确定之时。当你宣布坏消息得到消极的反应时，不要让情绪影响斗志。

6. 建立信任，获得恢复力。一名备受信任的领导者做事能够留有宽阔的回旋空间，不论成败。要记住，将一切联结在一起的是信任。人们必须相信，他们能够讲真话，也能够信任高管的话。

7. 庆祝前进路上的进步，但要避免宣告胜利。团队需要庆祝他们取得的进步，但不要隐瞒道路漫长的事实。沟通，甚至超沟通是成功完成一次逆转最需要做的事。一个新的商业战略只有被所有人理解才能成功。

第五章　爱你之敌:听取批评的益处

道破真相需要双方——一人讲,一人听。

——亨利·大卫·梭罗

告诉人们这就是我想做的事,与人讨论,听取意见,然后放手去做。

——约翰·布朗勋爵,BP 集团 CEO

1995 年,约翰·布朗勋爵就任 BP 集团的 CEO。彼时,环境学家们已经就全球变暖的危机进行了长达几年的讨论。1997 年,他在斯坦福大学的一次演讲中作出了震撼石油行业的重大声明。在斯坦福商业学院(Stanford Business School)的一众执行官面前,布朗恩承认有足够迹象表明全球变暖正在发生。他是第一个承认这个现实的石油公司执行官,并坦诚自己的公司对之负有责任。他承诺 BP 集团将减少 10% 的温室气体排放。

对于石油行业及 BP 集团内部很多人来说,布朗恩的演讲是一次冲击。BP 集团战略和政策发展部副总裁尼克·巴特勒说:“他有做出变革的勇气。公司里 60% 的人都认为他是错的,还有些人反应很激烈。”业界许多人都认为他谣言惑众。布朗恩回忆说:“美国石油学会(American

Petroleum Institute，API)说我已经偏离了正轨。"他作出声明之时,BP集团也是美国石油学会和全球气候同盟(Global Climate Coalition)的成员,这两个组织都在尽量淡化全球变暖的严重性。

布朗恩的发言并非即兴演讲,而是经过长久思考后得出的缜密战略。接手 BP 集团后不久,布朗恩就决定要探究事实,并与批评家会谈,以求思考气候变化和石油工业在其中起到的作用。他认为 BP 集团不能逃避责任。他说:"这是我们的社会责任。"

在业界还未将全球变暖看成是合理担忧的时候,布朗恩意识到自己有责任调查真相,得出自己的结论。他开始认真考量不断增加的证据的效用,思考公司中有关 BP 集团责无旁贷的观点。至少,他理解批评家能影响公司的经营能力,也认为自己有责任引导 BP 集团回应环境影响方面的责难。就像大型烟草公司最终不得不面对其产品的健康问题一样,大型石油公司也终将正视他们的生意造成的现实。但区别就在于,布朗恩坚信 BP 集团将会采取主动,领先带头,在气候变化问题方面站在正确的位置。

布朗恩对全球变暖的现象进行了"深入观察",咨询了几十位科学家,由此形成了自己的观点。他得益于自己与皮尤全球气候变化中心(Pew Center on Global Climate Change)主席艾琳·克劳森(Eileen Claussen)的密切关系,并得到了环境保护基金会(Environmental Defense Fund)等非盈利机构的支持。这些机构和其他很多人都直言不讳地批判了石油工业政策,与他们的对话中,布朗恩意识到 BP 集团需要采用一个新的气候变化讨论平台。他肯定气候变化应该上升为公司考虑的优先事项,因为它将变得越来越重要,并日益受到消费者和政府的重视。

布朗恩穿越了致使许多机构与批评家无法沟通的梗阻点,即不愿承认抱怨是由某种原因引发的。因为他早早就承认气候变暖,BP 集团才能集中精力向大部分利益相关者证明,它承诺的更负责任商业行为不仅仅是场面话。布朗恩通过企业及其供应链实施负责任的行动。尽管不时遇到困难,但布朗恩渐渐地创造了 BP 集团的新愿景,在企业中植入了新价值观,并回报了愿意帮助他的人们。他说:"我们得到了一席之地,使我们能够有效地与人们讨论气候变化将如何影响我们的行业。我想,我们已经影响了石油行业在这些问题上的观点。"

每个人都是批评家

随着信息传播的脚步加快、激进的非政府组织数量飙升,公司们明白了应该重视批评家。越来越多的特殊利益组织开始拥有发言权,在这种情况下,几乎可以肯定,大部分大企业将不断面临尖锐的批评。在诸多双眼睛的监控下,地球上几乎无处能够藏身,更不用说是在网络上。批评家包括环保人士和劳工团体,也来自大量其他团体,包括社区、少数民族、病友、动物权益维护者、反增长活动分子以及社会保守党。此外,还有来自内部的压力:企业自身的员工和激进的股东。

2005 年 9 月,在即将开放香港新建的主题公园时,迪士尼遭到了强烈抗议。海洋守护者协会(Sea Shepherd Conservation Society)和亚洲动物基金会(Animals Asia Foundation)等组织大力游说,抵制迪士尼在主题公园中提供鱼翅汤。尽管这道菜是中国人的传统喜好,并经常在宴会、婚礼等场合出现,但考虑到鲨鱼濒临灭绝,环保人士们还是向迪士尼公司施压,要求其从主题公园饭店的菜单中删除这道菜。这场论战在全球的报纸上都进行了报道。最后,迫于负面宣传的压力,迪士尼将这道菜从饭店中撤除。具有讽刺意味的是,早些时候,巴黎迪士尼乐园曾因拒绝提供酒精饮品,被批评不遵守地方习俗。若迪士尼早些作出决定,情况会不会好些? 答案当然是肯定的。但作出一个能让批评家默许的决策是困难的,特别是如果你被认为是一只"软柿子",恐怕就要面对更大的压力。

大部分公司迟早都会被媒体聚光灯关注,并被进行负面报道——无论是电视、博客,还是传统的纸质媒体。除开造成丑闻和股价下跌,负面新闻也越来越可能影响消费决策。据自然营销研究所(Natural Marketing

Institute)的调查，约630万美国人紧密关注着企业行为，这些人具有超过2 270亿美元的购买力。

各个公司已经注意到这一点。惠而浦公司在《商业道德》(*Business Ethics*)杂志评选的"2005年度最佳企业公民百名榜"上排行第18，该公司认为："许多国家的消费者从'白盒子汪洋'中选择惠而浦的原因在于，该公司承诺节能和控制污染。"家用电器公司的市场表现与公司对社会问题的回应之间关系紧密。

自然营销研究所定义的美国消费者的"第三意识"指的是，对产品价格和质量之外因素的关注，这种关注已经不再局限于激进分子圈子。消费者可能不会调查每一件他们购买的商品，甚至不会去看公司网站上的公告。但他们会关注媒体，他们记得负面新闻的时间比你认为的更长久。有很多人也会变得习惯于去buyblue.org或idealswork.com等网站上浏览公司战略和行为的细节描述。Idealswork.com的行动标语是"企业行为，由你改变"。该网站允许消费者依据高管薪资水平、退休计划稳定性、是否涉及武器制造以及少数民族待遇等对公司进行排序。网站建立者山姆·皮尔斯(Sam Pierce)和丹·波特(Dan Porter)说，这个网站的任务就是"使个人和企业能够达到行动与价值观的统一。我们的方法是让社会和环境问题显示在公司的'短程雷达'上"。

尽管在今天把企业价值和消费者购买决策联系起来仍然有困难，但不难想象未来的大部分消费者会在做出购买决策前，习惯地查看公司信息。网络已经使得这种做法变得相对简便。对"正确购买"日益增长的需求同时来自政治谱系两端。偏左的绿色支持者强调环境和其他社会问题，基于宗教考虑的购买也不断增加，特别是在美国。例如，肩负"塑造反映圣经真理的文化"重任的美国家庭协会(American Family Association)拥有20万会员，于2004年秋宣称已经说服政府雇员保险公司(Geico)、百思买、福洛克(Foot Locker)和其他一些公司停止在喜剧中心(Comedy Central)的南方公园(South Park)进行广告宣传，他们认为这样的行为是一种冒犯。最近，该组织又向福特汽车公司施压，迫使其同意停止在同性恋主题的出版物中刊登广告。此举使得福特又受到同性恋利益团体的激烈抨击,使福特推翻了之前的决策。福特的决策受到了两面夹击。

驱动产生合理结果的是最年轻的消费者。他们习惯了在网上获取甚至是最琐碎的信息,并毫不犹豫地将网络信息放入购买决策。

负面宣传的爆发并不需要一大群压力群体。波士顿大学卡罗尔管理学院(Carroll School of Management)的教授桑德拉·沃多克(Sandra Waddock)说:"只需一个人和一台电脑就能发现供应链中的问题,并将之广传至全世界。"

一个典型例子是可口可乐公司在印度遇到的问题。激进主义者、全球抵抗组织(Global Resistance)的唯一成员阿密特·史瓦兹塔瓦(Amit Srivastava)指控可口可乐"偷盗水源、毒害土地、破坏整个印度民生"。史瓦兹塔瓦每年通过各方捐赠积累约 6 万美元的预算,而对手可口可乐公司在 2004 年的收入有 220 亿美元。尽管对方在规模和力量上是如此渺小,可口可乐公司却在印度损失了几百万美元的销售额和诉讼费,并损害了公司的全球声誉,而史瓦兹塔瓦则成为了非政府组织运动的中心人物。在印度,这次运动凭借浪费并污染当地水源的未证实指控,迫使装瓶厂关闭。史瓦兹塔瓦的网站 www. indiaresource. org 还促成了印度立法,要求软饮料制造厂在产品标签上列出杀虫剂残留。此网站在一个月内吸引了约 2 万位访客,成为集中印度地方激进分子和抗议分子的全球化平台。网站主要控诉可口可乐不该把装瓶厂设立在干旱灾区。该网站的一些做法被认为是矫揉造作,但这并不会影响它产生的效用。去年,非政府组织散布荒诞的消息,称印度农民将可口可乐当作农药喷洒在农田里。英国《卫报》(Guardian)在头条写道:"事态发展利于可口可乐"。

史瓦兹塔瓦现在正用大部分时间向美国大学生灌输"可口可乐过度用水,农药超标,在印度造成污染和废物处理问题"的观点。包括纽约巴德学院(Bard College)、明尼苏达州卡尔顿学院(Carleton College)和俄亥俄州奥柏林学院(Oberlin College)在内的至少 6 所大学同意抵制可口可乐。

　　史瓦兹塔瓦在印度长大，现在居住在几千英里外的北加利福尼亚。他的经历说明，一个人可以通过网络获得巨大的力量，并对一个企业造成危害。就像《华尔街日报》报道的："只有一名成员的非政府组织，以一台笔记本电脑、网络和一张电话卡为武器，就可以和他的盟友一起影响一个庞大的跨国公司。这说明了在一个日益网络化的世界中社会激进分子能够起到的巨大作用。"

听取批评家的意见

　　多数情况下，与批评家建立密切关系有助于达成共识。美国波士顿大学（Boston College）教授沃多克（Waddock）对一百多家服装和鞋类行业的跨国企业进行了一项研究，结果显示，公司受到的外部压力通常集中在五项具体要求上：

　　1. 诚实：利益相关者要求公司诚实坦白，严格遵守他们标榜的准则和价值；健康、完整，财务稳健；采取行动回应特殊利益相关者的呼声。最重要的是，公司言符其实；

　　2. 尊重：利益相关者要求与公司建立互动关系，以保证公司决策时考虑多方意见；

　　3. 标准：利益相关者要求公司清晰地阐明其价值观，至少在工作环境、人权、环境和诚实等核心问题上遵守国际公认的基本价值；

　　4. 透明：利益相关者日益强烈要求公司公开有关经济、社会和环境三重底线方面的表现；

　　5. 负责：利益相关者日益强烈要求公司认识到其行为产生的影响并对其负责。

　　沃多克认为，高层管理者们偏转批评关注方向的一个关键是，"承诺负责的行为和清晰的价值"，"保证企业的每个员工和供需链都了解这个承诺,并努力实现它"。

很显然,今天的企业必须以新的方式回应批评家。与他们争论事实、辩解自己的立场,几乎全是无用功。事实上,你甚至都不应过度关注批评的正确性。批评的目的通常不是改变思想,而是为了引发对话。强有力的 CEO 们通过回应外部焦点问题来抢占先机,他们密切联系对立的批评家,忠于事实,并找到与大部分利益相关者的共性。你当然不必迎合每个批评家的要求,但你必须充分了解公司的利益相关者,知道如何实施一场合理的讨论。大多数公司都正在学习如何在作出响应的同时履行对股东的责任。布朗勋爵、BP 集团以及其他处在火线上的公司的事例,为我们提供了一些关于如何达到平衡的优秀理念。

改变 BP 集团范式

石油巨头从未表现过他们对环境问题的关注,至少在布朗勋爵之前没有。布朗勋爵完全可以只做一个传统的执行官,站在行业立场上,在全球气候联盟的全力支持下,坚持全球变暖只是边缘集团虚构的脱离科学理论和经济现实的事实。毕竟,布朗恩是石油巨头的一分子。他是英伊石油公司(Anglo-Iranian Oil)一个执行官的儿子,英伊石油公司后来变成了 BP 集团。于剑桥大学取得物理学士学位毕业之后,他的父亲极力要求他在 BP 集团工作。他被分配到阿拉斯加做管理培训生,并卷入石油工业与环保人士关于阿拉斯加输油管的争论。双方都希望在这场非此即彼的争论中胜出:或者保留有效的石油运输,或者消除对环境的所有影响。布朗恩在 BP 集团内逐渐晋升,与此同时,科学家们也渐渐注意到地球大气层中正在发生的严重问题。1990 年,联合国气候变化报告预言 2025 年之前全球气温降将上升 2 摄氏度,并预警了相关的严重后果。1996 年,世界银行和世界健康组织号召全球逐步淘汰含铅汽油,由此引起了石油行业的关注。这场运动的影响是深远的,尽管普及无铅汽油的驱动力更多来自空气质量和健康问题，而不是气候变化。其后一年，在京东议定书（Kyoto Protocol）达成的 6 个月前，布朗恩决定带头转变石油公司对于全球气候变化的态度。当时其他公司甚至还在否认气候变化的客观存在。

布朗恩回忆说：“这些都是非常复杂的问题。你是想要清洁的环境，还是想要化合物？你可能把这看作一个权衡问题，但这是个错误命题。你必须自问是否两个都想要。为了鱼和熊掌兼得，通常就会产生新的技术和更好的解决方式。”

布朗恩扭转局势的第一个重大举动就是为 BP 集团的每个运营单位设立二氧化碳减排目标，未遵从者给以严厉的惩罚。整个公司在研究了减排计划后，布朗恩亲自与每个单位商定并签订了列有详细减排目标的合约。每个运营单位的减排目标基于其二氧化碳排放的不同水平，并在合同条款中写明“为了公司在 2010 年前达到减排 10％的目标，全公司二氧化碳减排的每年目标是减少约 0.5％的排放量”。为了使合同更具制约性，任何未达成年度减排目标的运营单位须按照处理一吨二氧化碳预算金额的 5 倍缴纳罚款，所有惩罚都将被公布在公司网站上。布朗恩还承诺，雇佣具有强烈“环境道德和环保理念”的员工。

该项目在公司内部创立了一个排放市场，成效显著。通过工艺调整或购买高成本效益的污染控制设备从而迅速完成减排目标的单位，能够将他们“多余”的二氧化碳配额卖给无法承担污染控制设备，或需要更多时间才能完成减排目标的单位。布朗恩还确保 BP 集团要注意“从简单的事情做起，包括减少生产和开采时天然气燃烧、提高燃气机效率、确保蒸汽不泄入大气等”。

如此努力的成果是，BP 集团在 2002 年就实现了减少 10％二氧化碳排放的目标，比原定目标期限提早了整整 8 年。“超越石油”的概念是布朗恩在 2000 年提出的，在此之前的几年中，他开始定期与环保团体会面，请他们指导行业实践。他明确表示自己不喜欢冲突，但也不会浪费时间等待所有人的意见达成统一。他说：“是的，我们寻求嵌合。我们并不总能达成一致,但你要展开对话,解释自己的立场。"

与此同时,布朗恩开始刺激石油行业承担更多环境责任,领先实施了"从发展清洁燃料到处理废水"等一系列行动。

布朗恩说:"我并不认为,我们有可能在某天早上醒来时突然发现每个人都信任企业。"但他承诺听取批评家的意见,虽然并不一定要遵从他们。他指出,透明度是自己能完全掌控的事。他提倡"告诉人们这就是我正在做的事,引发讨论,听取意见,然后放手去做"。

显而易见,要想获得别人的信任,听取他们的意见是至关重要的。对布朗恩来说,同样重要的还有从 BP 集团内部的评论中获取意见反馈。李·爱德华兹是 BP 集团旗下太阳能公司的 CEO,同时也是"超越石油"运动的重要推动者之一。他解释说:"布朗恩甘愿成为异类。他想要与众不同,愿意接触最激进的批评者。他认为,在解决气候变化这类巨大问题时,只要有足够的时间和资源,一切皆有可能。当布朗恩和绿色和平组织一起站在主席台上时,有些人很震惊,但布朗恩迫使公司与公众和世界政治领导人的观点保持同步。他的行动赋予公司做出惊世之举的能力。他致力于寻找事实,然后明白了 BP 集团作为商业企业能做的事。他愿意相信其他人的观点有可取之处。"

布朗恩建议:"要看到别人在想什么,至少要探索可能性。别人的想法中可能有我们永远也考虑不到的东西。"

当布朗恩在员工中发起一场内部邮件讨论,探讨 BP 集团对于全球变暖的问题能够作出怎样的回应时,他几乎被洪水般的回应所淹没。"令公司内大多数人所惊奇的是,有相当数量的员工对布朗恩在环境问题方面的明确立场表示支持,"爱德华兹回忆说,"这些回应表明,员工们也在为全球变暖而担忧。他们的孩子正在与他们谈论这个问题,他们认为公司应该未雨绸缪"。

布朗恩与员工和非政府组织之间的对话,被作为 BP 集团多项环保政策制定的参考。然而,这些来自外部的担忧从未改变过布朗恩的信念,他坚信,自己能够在积极回应环境担忧的同时,完成自己对股东的责任。

实际上，他通过一种既节约成本又增加利润的方式成功减少了公司的二氧化碳排放。

一些环保人士批评 BP 集团的内部减排交易，因为即使公司内部各运营单位减排成果相差悬殊，公司依然能得到好评。批评家们还担心，由于缺乏良好的排放监督方式，公司可能会夸大自己的减排成果。然而，多数经济学家认为，诸如此类的市场导向计划"是最节约成本的，因而是减少温室气体排放最可行的方法"。

决心与批评家嵌合的公司，必须确定自己满足批评家的意愿达到什么程度。在这个领域，制定政策并坚持实施具有非凡的重要性。也就是说，公司通过形象宣传作出的承诺应该与公司的能力和意愿相符，而不仅仅是空想。BP 集团向环保支持者宣布，"这就是我们现在能做的全部，我们正在努力"。随后，公司发起了改造品牌的行动，并将它的理念广而告之。

超越石油

作为一项品牌改造战略，"超越石油"是布朗恩与批评家和员工交谈的直接成果。此战略实施于 2000 年，对于布朗恩，这意味着两件事："其一，它承认石油将会在很多年内被继续使用，然而，我们需要改变思维。我们要自问：'我们能否减少石油的碳排放？能否生产用于汽车的低碳燃料？能否减少 BP 集团日常运营中的排放量？'其二，我们正在投资发展可替代能源。"此项战略的实施向世界表明，BP 集团对自己有独特的定位，并不简单地把自己视为一个大污染源，公司正努力为解决实际问题作出自己的贡献，而非一味回避掩饰。

布朗恩及其团队明白，他们不可能将 BP 集团描绘成完全清洁环保的公司。没有人会相信它。"这是一个开始，"对于希望石油企业去解决问题而非成为问题的消费者而言，公司宣传中的每个元素都具有吸引力。宣传的目的是深化一种理念：在令人忧心的事件（污染）之外，还有好的一面(一家石油公司致力于创造清洁环境)。

然而,令情况变得复杂的是,在推出最初的"超越石油"计划的同时,BP集团开始卖力游说北极国家野生动物保护区(Arctic National Wildlife Refuge)允许在其范围内进行钻探。布朗恩明确表示,如果美国政府允许在这片占地1 900万公顷的保护区进行石油勘探,BP集团将会考虑参与。BP集团相信,通过利用新型环保钻探设备,能够减少钻探痕迹,对野生动物几乎不会造成任何影响,所以该公司能够进行安全钻探,不会危害当地环境。然而,很多环保人士坚持认为,保护区可供开采的石油含量不高,开采对环境的危害程度却很大,去北极国家野生动物保护区开采石油,显示了石油行业对自然环境的漠视。环保组织特别反感BP集团加入北极动力(Arctic Power)这个宣扬在北极国家野生动物保护区钻探石油的组织。因此,2000年绿色和平组织讽刺性地为布朗恩颁发了"环保人士最佳形象奖"。然而,随着BP集团执著于自己的环保立场,不放弃自己观点,同时不断追求负责任的行动,增强竞争力,发展业务,久而久之,布朗恩最终赢得了众多环保人士的信任。

自实施"超越石油"战略起,BP集团努力成为开发风能、太阳能以及其他能源技术的业内领军者,以求减少二氧化碳排放。公司加大天然气的生产力度,利用天然气发电能够比燃烧其他化石燃料,如煤炭,排放更少的二氧化碳。BP集团还投资阿尔及利亚的一项实验,将生产天然气时产生的二氧化碳重新排入地下的气田。如今,这个"封存项目"正以每年100万吨的速度将二氧化碳存储在地下一英里深处。倘若类似这种"碳捕捉和封存"的方法能够广泛应用,将会带来革命性的改变,防止数百万吨的温室气体排入大气。BP集团与福特公司承诺向普林斯顿大学提供2 000万美元经费,用于研究怎样解决日益增加的温室气体排放。就连过去一向不承认全球变暖现实的埃克森美孚公司也看到了这种解决方式的价值,承诺向斯坦福大学提供1亿美元经费,研究二氧化碳封存的最佳方式。

"超越石油"意味着一种比将石油从地下抽取出来更加伟大的事业,BP集团朝这个方向的进化,在期待企业承担责任却屡屡失望的公众中引起共鸣。在一系列使批评家无可挑剔的行动中,BP集团将行动的努力聚焦于自己所宣称的。该公司已经成为从汽油中分离铅及其他污染物的世界领跑者,是全球顶尖的太阳能供应商,旗下的太阳能公司年增长率高达30%。BP集团进入太阳能领域已有25年,但直到2004年,旗下的太阳能公司才首次盈利。当BP集团退出全球气候联盟和北极动力时,布朗恩证明了自己想有别于其他石油公司的愿望。

李·爱德华兹说:"政治因素与经济因素是增长的动力。在政治层面,《京东议定书》的要求、'绿色环保'已被提上多国国家议程,以及当今能源独立与国家安全之间的紧密联系,是全世界致力于寻找替代能源的原因。这些,再加上传统能源价格飙升,就培育了一个增长的新市场。目前,日本与德国占新能源市场2/3的份额,同时,西班牙、加利福尼亚、韩国以及中国也在抢占市场。太阳能投资将大幅度增长,并带来盈利。"

2005年,BP集团进入公司名誉战略的新阶段,聚焦于公司对清洁能源的承诺。公司在网站主页上宣传"低碳饮食现在开始",鼓励访问者点击查看更多内容,了解英国石油在为解决气候变化作出的努力,以及个人生活方式对碳排放造成的影响。

在这个能源高价的时代,当公众领导人和政治领导人在审视能源公司的时候,BP集团的"绿色环保"立场独树一帜,它的管理层脱颖而出。"同等条件下,人们会选择购买环境友好型产品",布朗勋爵说,"不过你也需要做好出错的准备。没有简单的答案,所以你要坚定自己的信念,认识到商业成果是长期性的。假如碰到问题,或者发生意外,你能希望人们会倾听和信任你。然而,你的声誉不是万能的,只能帮你走到这一步。声誉会帮助你渡过难关,但你必须做正确的事情"。

从批评家处获得力量

总结我们客户的经历,我发现,大多数高管对于批评言论的最初反应是相同的：先不理会这些干扰，看看它们会不会自动消失。否认消极报道—诉讼—更多的消极报道—妥协，这种模式是迄今为止与批评家打交道的最低效方式，尽管它也许是最普遍的。作为一项策略，它在一些情况中曾经起过作用。在互联网出现之前，大多数反对群体只能实施有限的活动。如果一家公司竖起石墙，结果却导致对簿公堂，那么这家公司仍可寄希望于把批评家拖得筋疲力尽。也许这就是为什么烟草公司经过很长时间才承认其产品会造成损害的原因之一。今天，菲利浦莫里斯公司(Phillip Morris)的网站上声明："菲利浦莫里斯公司认同'吸烟会引起肺癌、心脏病、肺气肿及其他严重疾病'这则医学和科学共识。吸烟者与非吸烟者相比，更容易患严重疾病，如肺癌。世界上没有安全的香烟。"想象一下，烟草公司的老一代掌门人对此会作何感想。然而，新的时代已经降临。现在，要迎接而不是拒绝改变，才能享受公众信任带来的利益。

当然，没有任何公司能够担负得起一味向每个投诉者屈服的代价。一家被认为是容易屈服的公司很快就会溺毙在繁多的诉讼中。想要自己的公司能够有效地与批评家打交道，领导者要准备好一套与情境相符的回应。这不是危机管理，而是一种新型的机会管理。

威胁水平与新闻价值

如果我们分析批评言论，就可以看到批评家造成的困难来自两个重要方面：威胁水平与新闻价值。威胁水平是指该批评言论会毁掉一家公司的名誉，还是会造成公司破产，或者尽管受到广泛关注，公司却相安无事。对于新闻价值，各家公司必须仔细考量一下德意志银行分析家比尔·德利赫(Bill Dreher)提出的"头条风险"。如果人们在享用晨间咖啡时读到针对你公司的批评言论，会对公司造成多大影响？如果他们在之后的数天、数周、数月，乃至数年内不断地读到这些新闻，会不会对你的公司造成更严重的影响？如果各大网站和博客也集中报道这些言论，会造成怎样的问题？新闻价值是对人们关心程度的衡量。如果批评家对你的客户和其他利益相关方造成的反应只是耸耸肩，那么你在决策时并不需要考虑新闻价值因素。如果投诉不是来自你的利益相关方，而是来自图谋不轨却对公司的未来没有影响的局外人，那么威胁水平也会降低。然而，在一个即时通讯的世界，又能有多少真正的局外人呢？不会很多。最佳的做法是，做好回应任何批评的准备，同时把自己回应的强度与批评的威胁水平和新闻价值相匹配。

在任何情况中，对威胁水平和新闻价值的权衡都需要至少考虑以下3个因素：

1. 抢占批评先机。最好的批评类型是根本没有批评。当批评不可避免之时，最好是尽早做出柔式回应。实际上，你完全可以通过对发酵中的问题作出自己的原则性回应，以从批评家那里获得力量。当布朗勋爵说"你是对的，让我们来解决这个问题"，他为自己赢得了宽广的回旋余地。另外，BP集团还通过采取批评家的建议，改变自己的商业实践，以展示自己的决心。如果温室气体排放是全球变暖的主要问题，那么BP集团的回应就聚焦于这里。它的行动为自己赢得了有利的关注，尤其是来买家的——具有环保意识的非激进派公众。在他们看来，BP集团至少愿意作出努力以合理地处理复杂问题。因此，对公司的批评一直保持在威胁和新闻价值较低等级。

2. 反驳与再导向。通常，批评言论看起来是不公正的，甚至可能与你的商业模式相悖。然而，这并不意味着你必须改变自己的战略。例如，沃尔玛费心尽力排挤工会，削减退休金和医疗成本，压低劳动成本，排挤小型便利店等行为，具有很高的新闻价值。然而，沃尔玛长期以来认为这些批评的威胁水平较低。CEO李·斯格特（Lee Scott）认为，即使沃尔玛全面建立公会，提高薪酬，扶持个体竞争者，那些针对他们的多数批评家仍不会去他们的超市购物。他告诉《经济学人》（The Economist），他们的批评家是"各个国家都存在的一小部分人，对大型企业没有好感"。斯格特说，沃尔玛唯一疏忽的是，对这种批评的放任引发了关于"肮脏"沃尔玛的投诉和诉讼。

过去,斯格特一直把公司不断下降的声誉(不再位列《财富》杂志的最受尊敬企业名单)归罪于工会的贪婪。如今,斯格特明白了时代已换,解决批评之道在于倾听,在于把对话的内容从沃尔玛在哪些地方做得不好变为哪些地方做得很棒。为此,沃尔玛公司开始在自己的网站上公布关于薪酬水平、医疗计划、慈善捐款和经济影响等 35 个方面的详细信息和数据,接受将医疗保障扩大到兼职员工的理念。沃尔玛也开始与环保组织合作,出于保护目的购买濒危野生动植物区域,包括世界上生长古老美国黄松的最大区域之一。尽管斯格特最初的意图是纠正错误,沃尔玛最初回应的威胁可能不是它的大多数消费者关注的,但他清楚地看到有一个更大的威胁来自于那些不太喜欢在他的超市中购物的人。他知道个中利害。《纽约时报》报道了沃尔玛内部的一篇备忘录,该备忘录指出,减少员工福利成本的新闻是 2005 年在 nytimes. com 被浏览次数最多的报道。

3. 拖延与调整。当批评家言之有理,而你的商业模式又使问题无法解决时,你该如何应对? 1992 年,《哈珀杂志》(Harper's Magazine)披露了耐克海外工厂的"可怕工作条件"之后,批评家对耐克公司群起攻之,耐克公司所处于的就是上述境地。文章提及的工作条件其实无异于耐克的竞争对手设立在低收入国家的工厂里的条件,但耐克却成为全球出版物中文字和图片的靶心。一家来自欧洲的非政府组织与工会联盟——净衣运动(Clean Clothes Campaign)公布耐克的行径,劝告消费者拒绝购买耐克的运动鞋。

起初,耐克公司的高管采取守势,笨拙地辩解其工厂至少与竞争者处于同一水平。这种举动引起了批评家更大的喧闹,尤其是当耐克拒绝公布其制造工厂所在地点的时候。就威胁水平和新闻价值而言,耐克是在把问题升级。关于工人遭受痛苦的报道一再深入,其新闻价值正在加强。随着活动家感觉到耐克已经处于劣势,可以对其产品发起抵制活动时,威胁也进一步升级。

在对抗的早期,耐克聘请了一些高层人物,如美国驻联合国前大使安德鲁·杨（Andrew Young），对其劳工行为进行审查。虽然这些人的审查结论是"一切良好"，却没能改变任何人的想法。终于，耐克决心不再听任其声誉受损。公司针对薪酬和工人待遇设定劳动准则，希望所有的供应商都遵循它们。这项举措依然无法解决问题，因为耐克的供应链模式将价格、质量和交货时间作为奖励标准，实际上是在鼓励供应商虐待工人。怪不得供应商们不乐意遵循耐克新的行为准则。耐克的创始人兼主席菲尔·奈特（Phil Knight）在任职 CEO 的最后几年对耐克的商业模式进行改造，使得对供应商的评估基于是否遵循公司的劳动准则。如今，耐克的采购团队根据供应商的质量实施奖励或"征税"，同时自己也获得了财务和质量方面回报。2005 年 4 月，耐克公布了自己全部的 700 家供应商名单和所在地。公司还在自己的网站上报告了制造流程中出现的问题，如包括雇用童工等，以及这些问题所发生的地区。耐克是行业内第一家透明化供应链的公司。这项行动好比是在走钢丝，但耐克的努力为自己赢得了赞赏，使批评家哑口无言。

　　前车之鉴，后事之师。一般而言，银行不会成为环保活动家攻击的目标，所以当花旗银行收到一封要求其停止对一个可能毁灭热带雨林的项目发放贷款的信件时，丝毫没有想到它会引发轩然大波。彼时的威胁和新闻价值都处在较低的水平，甚至在雨林行动网络（Rainforest Action Network）组织抗议活动和网络行动，号召客户剪碎自己的花旗信用卡时，仍是如此。只有 2 000 名客户听从了号召，所以新闻媒体没有注意，花旗自身也没有。然而，雨林行动网络逐渐在添油加柴，活动家们出其不意地将一条巨大的横幅挂在了花旗曼哈顿总部的公司标语上方。横幅上写着"毁灭森林，全球变暖"，"我们在助纣为虐"。接着，雨林行动网络的志愿者在花旗各个分行的门口驻留，抗议时任主席桑福德·威尔（Sanford Weill）的言论，并发放印有名人销毁自己花旗银行卡的照片的宣传单。威胁级别随着新闻价值而增加，花旗陷入困境，它不愿意看到自己的利益相关方认为它在以某种方式毁灭古老的森林。事态升级 4 年后，花旗同意与雨林行动网络进行谈判，最终承诺不向"危害重要自然栖息地的项目"发放贷款。

事后来回顾威胁和新闻价值，一个客观的观察家也许会认为花旗银行应该在公司的风险水平升级之前就与雨林行动组织谈判。然而，由于花旗是第一家由于贷款影响环境而戏剧性受到攻击的银行，所以威尔认为那些抗议者会在花旗行动之前就偃旗息鼓。他错了，就像遇到类似情况的其他银行家一样。它们被卷入抗议事件之后，改变了对此类行为的威胁水平和新闻价值的评估。2005 年，环保活动家在芝加哥的人行道上示威抗议，反对摩根大通对印度尼西亚的非法伐木行为和秘鲁违反人权的矿山进行融资支持。抗议发生两周之后，摩根大通宣布改变其借贷政策，以避免将来此类事件的发生。摩根大通从花旗的经历中学到了教训，因而能立即明白，在当今商界，资金充足、经验丰富的非政府组织擅长不断提高赌注。因此，能够很快发现并彻底消除业务破坏的威胁。

与批评家合作

当公司面对一位拥有权威地位和媒体影响的批评家时，及时协商是最好的回应方式，然而，一些高管很不愿意承认这一点。你应该研究问题，判断事实，从而看清处境。你还要分析这个问题是否会受到多数客户、员工或其他利益相关方的关注，他们是否相信你的公司应该采取行动。研究每一个批评家，以判断他们可能会怎样抬升你的威胁和新闻价值水平。然后，做出你认为是正确的行动，从长远上保护和维系公司的声誉，乃至你的领导地位。你最应该重视的是那些拥有丰富资源且能够吸引媒体眼球的批评家。

很多公司都未能认真地对待批评家，无论这些批评家是活动家、客户、股东，还是竞争者。这是错误的。与其他挑战相比，一场密集的批评风暴会在更短的时间内带来更大的损害。一些具有恢复力的高管已经接受了这个理念，即在商业环境中，他们的行动一直受到各方监督。他们意识到，允许批评家提供建设性反馈，能够为公司带来好名声。通常情况下，倾听消极的反馈，是一种在批评发生毁灭性作用之前将其消除的有效方式。

正如 BP 集团证明的那样，与批评家嵌合——赶在竞争者之前——可以化为一种竞争力。除此之外，优秀的领导者还相信：批评家有时会带来增加公司收益的好想法。

如今，即时的全球沟通为每一个压力集团提供了将自己的声音放大数倍的机会。这使他们有能力降低公司的营业收入、增加公司成本、损害公司的声誉。尽管今天批评家们还没出现在你的门口，他们也许明天就"说曹操，曹操到"。多数公司猝不及防，被突然出现的批评家一举击倒。公司的领导者希望消除批评，有时甚至是在这些声音发出之前。理想的解决方法是，你要走进批评家的头脑，改变你们之间的相互关系。你需要倾听不易觉察的不满意，对可能出现的长期影响给予足够的重视。只有这样，你才能把握先机，赶在批评家行动之前，消除潜在的威胁，保护公司的利益和名誉不受损害。

作为一名领导者，你应该要求一些负责的员工定期反馈关于公司的新言论。等到主流媒体出现攻击言论或者公司受到诉讼，就为时太晚，公司的名誉已经受到损害。《华尔街日报》主编罗纳德·J. 奥尔索普（Ronald J. Alsop）认为，明智的企业"会在聊天室、讨论版、在线新闻媒体，以及由竞争对手和批评家开设的网站中游荡，寻找被记者或金融分析师发现就有可能形成头条新闻的只言片语。企业应该将来自网络的威胁看作一种特别危险的病毒，这种病毒能够在几小时甚至几分钟内广泛传播，影响数以百万计的人"。

特别设计一些内部系统收集针对公司的言论，能够帮助你尽早发现麻烦，及时采取行动，与批评家进行个人层面的接触。每个批评家都不可能轻易拒绝与你会面的机会。只要伸出橄榄枝，就能降低一些敌意。就算你不是公司的 CEO，您仍可以与呼吁公司改变商业实践或理念的批评家进行坦诚会谈。

建立起沟通的桥梁。如果你不能立即做出批评家要求的改变——通常情况都是这样——你至少可以对公司基于某些老政策的昔日行为表示歉意,以求获得好感。的确,律师们会说:永远不要道歉,否则你会为自己带来诉讼的麻烦。然而,避免触及可能涉及诉讼的细节,谨慎地道歉,必定会降低形势的紧迫程度。这可能得到一个好结果。对医疗事故的研究表明,受损方在得到道歉的情况下会放弃起诉或者降低赔偿条件。如果你认为自己没有什么需要道歉,那么你可以承认你的批评家正确地关注了他们应该关注的。你几乎总是能够找到一些与批评家之间的共识,从中确定至少一个你认为能够操作的具体问题,并将此作为你努力的主要方向。布朗勋爵向着10%的减排目标进行努力,从而让最刻薄的批评家无话可说,尤其是在 BP 集团到达并超过了自己主动设定的最后期限之后。这要求你建立足够的信任,鼓励想法和意见的自由交流。应该引导员工们不要批评与公司合作的批评家,同时管理层必须拿出足够的时间建设性地听取批评家的想法。

一旦你改变了回应批评的方式,你就要广而告之,与批评家共同宣告新的计划或者目标。你的目标是把批评转化为好感,用足够的好感来减少攻击评论的可信度。

本章小结

1. 关注微弱的声音。要意识到,信息在全世界范围内以前所未有的速度传播。经济体表现出前所未有的动荡,世界上没有任何一处角落能够隐藏你的踪迹。来自一个微小市场的一个轻微批评能快速放大,为你最重要的利益相关方所知。

2. 为出错做好准备,承认生活中批评无处不在。没有能够让你免于批评的灵丹妙药。最保险的是为一件事做好心理准备,即你的公司在某日会由于负面报道而受到关注。

3. 建立欢迎异见的企业文化。对员工进行培训，使他们能够听取对立的想法。你具有自己的世界观，但你应该把它放在一边，从新的视角看看世界。

4. 致力与批评家建立定期交流。建立流程，分配责任，以保证能够与第三方建立对话和关系。

5. 坦诚自己能做到什么，并付诸行动。在听取批评家意见的同时，也要认清自己，认清你不希望采取哪些行动。永远不要受讨好他人的欲望所惑，也不要作出不合理、不可能兑现的承诺。

6. 认识到没有简单的答案。很多非政府组织赖以生存的基础是其肩负的使命以及抗议活动建立的知名度。有些情况下，很有可能并无解决方法。那么目标就是基于信任建立对话，减少冲突，使双方能够互相倾听和理解。

第六章　现实主义胜于自我臆断

人们更愿意相信符合自己预期的事物。

——恺撒大帝,《高卢战记》

CEO 应学会以己为镜,自我审视,而非将他人当作自己的参照物。

——弗雷德·哈桑,先灵葆雅公司 CEO 兼董事会主席

一家盈利数年的公司突然遭遇财务崩溃,对其股东、顾客以及员工来说无疑是沉重的打击。然而,也并非每个人都会震惊。公司命运的大逆转通常是由公司长期缺乏悉心打理和正确的商业决策等问题造成的。一些员工或许早已看出公司的运营出了问题,他们也极可能已经向上级表示了他们的担忧,一再暗示公司即将陷入困境。但是,通常这样的报告会以"无关痛痒"为由被驳回,又或者,面对管理层对公司未来美好蓝图的口若悬河,员工只好被迫噤声。显然,除了公司高管,公司的判断错误对于所有人来说都是显而易见的。公司高管通常是最后承认问题存在的人,由此令员工们心生疑虑:"难道这些高管当真不知问题在哪儿?"

遗憾的是,在众多案例中,答案皆同:"他们的确不知道。"其中的原因在

于，这些人有一个严重甚至是致命的通病，那就是自我臆断。与之相反的是务实的现实主义。"我们是富有创造力的故事讲述人，以至于我们可以为所欲为，为自己的所作找到理由。"诺特丹大学（Notre Dame University）全球道德商业研究所（Institute for Ethical Business Worldwide）联合执行主任安·坦柏伦塞（Ann Tenbrunsel）说。"我们相信自己讲述的故事，因此也相信我们的自我判断是客观的。试想，让我们修正已经讲出的故事，是一件多么困难、多么令人沮丧的事！"

以惠普女总裁卡莉·菲奥里纳为例。出镜率高、极富个人魅力的菲奥里纳是惠普第一个从外部"请来的"CEO，她认为她的角色是在公司实行改革。极具争议的康柏收购案最能展现她的改革风格。当菲奥里纳宣布惠普史上最大规模的裁员决定时，员工的士气也降到了历史最低点。但她依然充满乐观，始终相信大规模的收购会给公司带来竞争力，从而提升业绩。然而，随着惠普股票的下跌，董事会对菲奥里纳也信心大减。菲奥里纳却从未认识到这一点。就在惠普董事会宣布她离任的几天前，在世界经济论坛上，她仍在向记者表示她与董事会的关系"良好"。

面对现实的重要性显而易见，但当一个公司开始走下坡路并且让股东失望时，面对现实却变得极为困难。菲奥里纳从未意识到她的乐观、刚性和集权已逐渐与董事会所推崇的领导方式背道而驰。菲奥里纳矢口否认股票下跌、员工士气低落及数位高管离职等事件的负面影响，最终导致她孤立无援，被迫离职。

问题不在于不知道，而是在于你忽视所知道的，并给实际情况披上华丽的外衣，即使现实预示着前方将是艰难地带。倾向于自我臆断的高管和董事会成员通常无法撤除多年沉积在心里的偏见，因为他们的耳朵听到的一直都是关于公司的正面故事。当公司的基础扎实的时候，这些故事具有说服力，甚至能化为传奇。只有当这些故事开始偏离现实时，它们才会引发问题。人的天性使我们倾向于延续对公司和自身的信心，但这却会导致灾难。

自我臆断大行其道

近年来,自我臆断已经让数十家公司垮台。以制药公司先灵葆雅的高管理查德·杰伊·科根(Richard Jay Kogan)为例。在担任该公司高管长达 16 年后,科根于 1998 年 9 月接任先灵葆雅董事会主席和 CEO 职务。在他上任后第二年,公司便迎来了分红与收入双增长的第 14 个年头。然而,任何一个务实的观察者都会发现,公司潜藏着衰退的危机。

先灵葆雅的最大问题之一源自其热销产品氯雷他定(Claritin)。这种不会引发嗜睡的过敏症处方药将在 2002 年失去专利保护。氯雷他定的销售额在 2001 年达到 32 亿美元,占公司销售总额的 1/3,产生的利润占公司总利润的 40%。随着专利失效日期步步逼近,为保护其品牌产品,管理层正满心指望着再造氯雷他定,以地洛他定(Clarinex)的名称进入市场,但他们却忽略了一个重要事实:品牌药物的销售额与利润会随着它的专利过期而大幅下降。更糟糕的是,罗氏制药公司当时推出了一种极具竞争力的抗肝炎药物,并在一年内便拿下了抗肝炎药物的大部分市场——这曾经是先灵葆雅独霸的领域之一。即便如此,先灵葆雅仍坚持认为,公司运营良好,新药研发项目中大量极具市场潜力的药物将弥补公司的销售损失。

科根和他的管理团队并未从实际出发,关注公司各部门出现的种种问题。自我臆断蒙蔽了他们的双眼,令他们无视贯穿整个公司的致命弱点,包括新药研发中的,以及公司重要产品中的。这导致了一种拒绝面对问题的逃避式领导。

科根知道氯雷他定的专利保护将于 2002 年到期,但他在 1998 年 9 月接任总裁职位时却坚称"先灵葆雅的主营业务表现优良,成绩斐然。鉴于未来发展道路明晰,先灵葆雅有望在今年迎来又一个丰收,每股收益将上涨 20%"。对于同另一家制药公司合并以求生存的建议,他充耳不闻。一次在接受《华尔街日报》采访时,他有意避开"先灵葆雅正在接受政府调查"的话题。直至第二年 6 月,管理层仍在矢口否认公司存在的种种弊端,拒绝兼并,认为基于氯雷他定的几项追加专利和治疗癌症等疾病的一系列新药研发项目,先灵葆雅将拥有"强劲增长的未来"。

在解决财务压力方面,科根同样采取了一种逃避现实的做法。自1998年以来,因违反联邦法律,以低于向美国医疗补助计划出售药品的价格向私人医疗服务供应商提供药品,先灵葆雅一直在受到政府调查。美国食品与药物管理局(FDA)也指控该公司在新泽西州和波多黎各的生产数年来存在不安全因素。但是,科根仍公开地大胆预言,"2001年将是一个分水岭,因为先灵葆雅正在实施一场重要的再造变革"。在接受采访时,科根拒绝回答美国食品与药物管理局是否扩大了对公司生产安全的调查,以及其他产品是否将推迟发布等问题。

在同一时刻,管理层仍在继续公布令人振奋的季度报告。他们堆砌乐观主义情绪,期待公司在麻烦不断的情况下能保证平稳收益。这种行为在美国的公司中并不罕见。管理层在发布向好的季度报告时,对公司潜藏的危险绝口不提,是一种常见的做法。没人愿意扫兴地在派对上惊呼"着火啦",破坏大家的兴致。但是,仅仅怀揣希冀,却没有一个缜密的计划,那么一切终将是自我臆断,痴心妄想。

科根的反应是进一步避开媒体和投资者,因为他甚至多次拒绝出席有分析师参加的季度会议。他整日窝在办公室里,许多员工对他的了解仅限于一年一封的主席信函。

然而,持续不断的坏消息并未随着科根的消失而匿迹。氯雷他定专利权的失效,使公司损失了10亿美元销售额。由于公司的生产未能遵循法规要求,试图保持专利药品价格的地洛他定推迟了一年多才得以面世。依据相关规定,美国食品与药物管理局给公司开出一张高达5亿美元的罚单,强令公司暂停73种药品的生产,并要求它改良另外120种药品的生产流程。作为结果,先灵葆雅损失了30亿美元的销售额。此外,为符合食品与药物管理局的规定,公司又多支出了1亿美元的成本。

随着2002年初先灵葆雅的股价大跌,科根终于意识到是时候让投资者面对现实了。具有讽刺意味的是,科根的首次开诚布公使得公司问题进一步恶化——不是因为他终于愿意向公众披露先灵葆雅的问题,而是因为他最初只信赖一小群分析师,只向他们透露公司的糟糕财务状况。美国证券交易委员会(SEC)指控先灵葆雅不恰当地披露重要财务信息,未能及时向投资者报告公司财务状况。尽管科根矢口否认自己所犯的错误,但他不得不缴付了 5 万美元的罚金,并在不久后离职。公司随后又同意缴纳 100 万美元罚金,风波终于停息。

无法信守的诺言

当然,先灵葆雅并非唯一一个吞食自我臆断恶果的公司。绝对不是。自我臆断是折磨我们所有人的疾病,因为在面对挫折时保持乐观是人类的天性,但只有与务实精神和现实计划相结合,乐观主义才能发挥它应有的作用。

让我们来看看美国奎斯特通讯公司(Qwest Communications)。10 年前,大家看好这家公司,认为它具备成为顶尖通讯公司的一切条件。依据美国证券交易委员会提出一项民事诉讼时的证言,奎斯特在 2000 年中期收购美国西部电信公司(US West)时,时任 CEO 乔·纳克齐奥(Joe Nacchio)承诺,在 2005 年之前公司的年收益增长将达到 20%。在 2001 年初的一次投资者会议上,他再次描绘了公司的美好前景,并称公司第一季度收益有望同比增加 12%。美国证监会称,这个速度是"同行业竞争者的二三倍"。

这些预测是诠释自我臆断的经典例子。在纳克齐奥和其他高管塑造的企业文化中,完成短期目标成为一件值得人人称颂的事。任何持反对意见的人(通常是少数人)都将被视为"圈外人"。

即使当公司不得不动用 40 亿美元的紧急贷款来增加现金流时,纳克齐奥仍在否认问题的存在,并在大会上告诉投资者"奎斯特的流动性不存在问题"。员工们被要求服从规矩,参与公司美好前途的游戏,无视事实的真相。根据证监会的一项起诉,纳克齐奥在担任公司 CEO 期间在公司内部营造了一种"恐怖文化",让员工们"心甘情愿"与他"合谋"误导投资者对公司财务状况的认识。

最后,公司股价一路狂跌,由起初的每股 64 美元降至 1.2 美元,创历史新低,纳克齐奥随即被董事会开除。之后,前总裁尼克·内斯比特(Nik Nesbitt)告诉《财富》杂志的记者,"奎斯特通讯俨然已成为一种'老板说什么,我就做什么'的公司",自我臆断的思维成为公司内占主导的价值观。

重塑信任

自我臆断的迹象相对容易识破。更难的是一位新上任的 CEO 如何颠覆公司数年来的行为方式。理查德·诺特贝尔特(Richard Notebaert)是奎斯特董事会选出来接替纳克齐奥的人。他绞尽脑汁寻求能立即提升销售额和利润的并购,力图将公司从危机边缘解救出来。然而,更为重要的是,他终止了"过度乐观"的盛行。他宣称,公司现在不得不依靠"报纸测试"为生,绝对不去做员工们不愿在报纸头条上看到事情。若实施一次性冲销贴现,公司在 2005 年实际上能达到收支平衡。但诺特贝尔特依然没有过度乐观。"我们有机会在 2006 年开始盈利",他告诉分析师,"听起来这是极有可能实现的"。

对先灵葆雅来讲,2003 年 4 月新上任的 CEO 兼董事会主席弗雷德·哈桑面临着同样艰巨的任务。哈桑享有各种美誉,被称为企业构建师,是一位在修复运营问题方面具有丰富经验的领导者,是一个正直的人。在他担任法玛西亚(Pharmacia)CEO 期间,这家瑞典公司完成了与美国的厄普约翰公司(Upjohn)的合并。两年后,公司收入增加 51 亿美元,每股收益增加两倍。然而,尽管过去的成就令人印象深刻,想要拯救处于破产边缘的先灵葆雅,哈桑必须倾尽全力。哈桑接替科根的那一年,公司收入下降了 18%，亏损 9 200 万美元。同时，公司还面临一项总计 10 亿美元的天价罚款。毫不奇怪，公司在不到 3 年的时间内失去了 2/3 的市值。

费雷德·哈桑成为先灵葆雅的董事会主席兼CEO

图 6.1　先灵葆雅四年间的股票收益率

值得赞扬的是，一旦公司的现状引起了董事会的关注，他们立即明白公司需要从外部引进一位愿意大刀阔斧改革的人来扭转颓势。但是，即使是哈桑，在第一天来公司上班时，仍然对眼前的情景感到震惊。"公司的情况比我预期的还要糟糕，"哈桑在回忆时说。他依稀记得当时的公司简直如同一团乱麻，甚至没人能确切告诉他哪些产品盈利，哪些不盈利。随即，他意识到先灵葆雅的问题远远不是专利失效、新产品毫无特色和接受监管调查那么简单。这些都只是表象，真正的问题在于公司内部缺乏一种最基本的信任——相信公司拥有排除万难、重整旗鼓的能力，相信员工希望听到一些实话，以求知道自己是否将参与问题的解决。

哈桑明白，他的第一个重要任务是重建公司利益相关方的信心，首先是公司员工。他需要落实新的工作重心，即他所提出的新口号"为日益赢得信赖而努力"。他与员工直接对话，鼓励他们与利益相关方保持信息畅通。他看出人们对于上班的态度属于勉强为之，于是着手改变这种现状。他提倡一种"全新工作方式"，用他的话来讲："用辛勤工作与现实预期，把先灵葆雅打造成一个值得信赖的、长期创造高绩效的医疗公司。"

为表明履行承诺的决心,让员工对公司状况拥有充分的知情权并全面参与公司的重建,哈桑举行了一系列开诚布公的员工大会。第一次会议于他出任 CEO 后第四天召开。他向大家展示了一个五步行动方案,包括稳定、修复、逆转、突破和长久竞争力。第一步中的工作,即全面暴露公司的弱点,已然展开。

给予股东充分的知情权也是哈桑的首要任务之一。与分析师召开第一次电话会议时,哈桑丝毫不留情面。汤姆森财务调查公司(Thompson First Call)的一项调查显示,分析师普遍期待哈桑能对外公布 28% 的收益增长。然而,哈桑告诉他们,挽救公司需要大刀阔斧的改革,在公司出现好转前,他希望将 2003 年的利润预期下调 67%,2004 年继续下调。

扔出这个重磅炸弹之后,哈桑认为是时候尽快展开脚踏实地的行动了。他宣布了一项削减 2 亿美元成本的计划,包括冻结薪资和中止分红——这是公司 47 年来首次实行此类政策。哈桑说,他在"教导人们脚踏实地和面对现实"。削减股息的举措震动了整个金融界,亦是哈桑做出的最艰难抉择。在历史上,一家大型制药公司削减派息的事情从未发生过,但哈桑认为有必要通过这种做法向业界传达一个讯息,即传统的商业模式已经不再适用。因为这些做法,哈桑本人受到了指责,但他率直言辞和有力措施设立了一个新基调。

在削减成本的同时,哈桑将研发经费增加到 15 亿美元,用于探索新的化合物和分子靶标,以及构建一套创新性药物研发项目。为使投资得到最佳利用,哈桑还通过许可和合作等方式进行新药研发。

哈桑明白,这些紧迫的措施是十分有必要的,因为它们能让员工看到事情正在向好的方向发展,之前的不切实际一去不复返。为了达到这个目的,哈桑必须继续推进对公司长短处的公开评估,履行同主要利益相关方沟通的承诺。他开始亲自同各级员工展开常规对话,尤其是与"一线员工,以及一线员工的管理者"。他还深入各领域搜集决策所需的可靠信息。哈桑知道,想要赢得员工的好感,有时需要的仅仅是高层的真诚关注和容易接近。回复员工电子邮件这种看似微不足道的小事,对于重建高管和员工间的信任大有裨益。为了树立风向标,哈桑甚至取消了高管餐厅。

当然,哈桑明白,这些措施还不足以让先灵葆雅成为一家极具竞争力的公司。他需要招揽优秀人才,建立新流程。他制定了一套关于领导行为的六项标准,将他想要赋予全新先灵葆雅的价值观融入其中,以作为员工的指引。

1. 分担责任,公开透明;

2. 跨越部门,精诚合作;

3. 善于倾听,互相学习;

4. 比照对手,改善自我;

5. 辅导同事,发展他人;

6. 恪守道德,严于律己。

哈桑明白,拥有一群自信的员工是极为重要的,尤其是在大裁员这样的特殊时期。他反应迅速,制定出"行动计划,以让员工能看清公司在未来将如何运作"。他向员工保证,他们是有价值的,并相信"如果我们够保持专注、对自己拥有信心并且正确行动,我们就一定能够走出阴霾,看见晴天"。

"在那种情形下",哈桑回忆道,"重建员工的自信和自我价值是极为重要的,我尽全力做到这一点。让员工经历一个倾听—学习的过程是很重要的,然后你才能引领众人走出泥潭。"哈桑希望彻底转变人们对公司的旧看法。他为大家营造了一个积极的工作环境,让人们能够通过逐步克服障碍来达成工作目标,由此"在公司内部形成一种激励环境,充分激发了员工对工作的主动性"。

根据以往在法玛西亚的经验,哈桑明白,设立全新的绩效预期和客观衡量员工表现的标准是必要的。自我臆断将不复存在,比如说绩效能提高就真的能提高,一些小的改变就能创造大不同。逃避现实的现象将成为过去。如同他在法玛西亚时的做法一样,他在先灵葆雅亲自接触经理人——不仅仅依照组织架构图上的点和线，而是依照他们为达到公司目标作出的贡献大小——即使他们的职位较低。总的来说，哈桑认为自己需要建立一个内部网络，以让自己及时了解公司里发生的每一件事。为了先灵葆雅的复兴能建立在坚实的基础上，他需要保持信息畅通。

战略与执行相结合

　　为庆贺取得的进展，哈桑于 2005 年 4 月再次召开员工大会。会上，他着重指出用"核心文件"固定引领先灵葆雅前进的新工具。根据这份文件，高级管理团队将由一个评审委员会转变为一个执行委员会。委员会的组成也有了一定调整，其中有能为公司长期创造价值提供主要动力的研发部经理，有高度重视质量的经理人，有直接向 CEO 报告的负责公司合规和商业道德的经理人。新聘用的首席财务官现在更像是一位负责财务预测的商业伙伴。还有一些新鲜面孔也加入了哈桑的团队，包括负责处方药业务的领导人、全球化生产与供应领导人，以及人力资源高管。哈桑强调，他们将是一个更开放的团队，更加团结，信息沟通更通畅，目标更加聚焦。

　　核心文件的重要组成部分之一，便是公司所有领导者应严格遵循的六项"领导行为"。"行为的重要性在于，企业文化的形成不单单源于一些思想或话语，它更多来源于人们的行为，"哈桑说。"我们相信，正确的态度驱动正确的行为。在我们详细界定几种领导行为后，正确的行动便会自然产生。"

　　哈桑管理先灵葆雅的另一个重要理念是"情境领导"，即决策依据情境而作出，依据它是紧迫还是常规来作出。有些决策需 CEO 或其他高管来作出，但也有许多决策应该由那个最熟悉它的人来作出。哈桑相信，这两种方式都能获得正确的决策，但更多的时候还是更适合于"参与性决策"，即领导者和团队共同制定决策。换句话说，领导力不一定要求团队领导制定每个决策,同时,它也不意味着把每个决策都抛给上级。

"我们在竭力改变传统的分离战略制定与战略执行的做法,"哈桑解释道,"我们还寻求通过融合战略决策权与执行权尽量排除层级。我们不想要盲目或武断的决策。每个步骤都是至关重要的"。

先灵葆雅的新战略取得了成效。首先是他们遵从了美国食品与药物管理局的判决书。这要归功于公司几百名员工齐心协力的共同行动。"这种新型工作方式非常重要,正如我们看见的,我们的工作方式正在驱动长期的绩效",在一次员工大会上哈桑说,"事实不断证明,这种新型工作方式在产生可观的效益"。哈桑表示,正是由于几千名员工的共同努力,"把对产品质量和商业道德的承诺融入先灵葆雅的血液,这才让公司不用向美国食品与药物管理局支付任何逾期罚款"。哈桑倡导的新工作方式包括一系列行动项目,包括推心置腹地与公司不同层级的员工交谈,鼓励他们说出对公司产品和运营的真实想法等。

"长期以来,公司的哲学是发布那些能让公司看起来利润丰厚的可喜数据",哈桑说,"数量当然会带来财务上的好处,但你得着眼长远。它包括合规、道德以及长期规划。你要明白自己的行为对他人造成的影响。你所拥有的提升组织行为的能力极为重要。同时,你应认识到,即便现在取得了一些成绩,前方仍有很长的路要走。你要心怀谦卑,充满激情,鼓足勇气,不屈不挠"。

看起来容易做起来难

自我臆断是一种严重错误的商业方法,但它经常捕获 CEO。为了给自己的领导力戴上光环,他们狂热追逐短期利益最大化。当公司业绩开始下滑,这种短期利益的诱惑会放大。在情况已经不妙时,想要揭露真相,尤其是面对依据短期绩效和季度指标来奖励 CEO 的金融圈,的确需要莫大的勇气。再者,要让利益相关方相信今日挫折对于长远利益的价值更属不易。

　　有些高管坚决不承认真相,将抵赖一路带到了法庭,甚至是监狱里。当年,安然公司因财务丑闻在舆论声中轰然坍塌。公司前董事会主席肯尼斯·莱在5年后,也就是2006年,面对多项指控依然否认公司犯有罪责。他辩称,直到倒闭之前,安然无论是盈利能力还是业务增长,一直表现杰出。据莱的讲述:"安然特别工作组的调查在很大程度上只是对上市公司实施的正常商业活动。"他坚称,安然是一个真正有愿景、有价值、有实力的大公司,它提升了整个行业和市场的水平,是一个值得员工骄傲的公司。当然,我们现在更清楚事实的真相。基于这样的观念,莱和前CEO杰夫·斯基林展开了他们的刑事辩护,因此他们输了。正如全球道德商业研究所的安·坦柏伦塞总结的,"自欺欺人使决策的道德影响力逐渐消退,使人作出不可思议的行为,却不知道自己在干什么"。

　　相信(和推销)忽略事实的故事是一个陷阱,铸就持久繁荣和信任的CEO不会落入其中。管理者必须在任何环节上避免自我臆断,培养领导力品质,成就能创造利润的务实主义。

本章小结

　　1. 明白自我臆断是人类天性。在面对与公司内部故事矛盾的信息时,人们容易自我臆断。要不断追寻真相,即使你认为已经抓住了它。警惕那些使你看起来不像是自己的迹象。揭露只有你看到的公司弱点的确需要勇气,虽然它们最终会暴露无遗。鼓励你自己面对现实。

　　2. 用自己作为镜子,别用他人的需要作为镜子。要认识到,有些利益相关方高呼要在短期听到正面消息,正是这些"好听"的消息一路在助长自我臆断,直到它最终被证明是错误。要设定切合实际的期望。如果包括董事会在内的利益相关方提前知晓坏消息即将来临,这至少在一定程度上能减轻坏消息的负面影响。如果你足够坦率,那么人们便会站在你这边。

3. 欢迎诚恳的批评。建立确保你能充分获取坏消息的系统。"许多领导者明确表示，他们只想听到正面消息"，亚特兰大的南方商业与职业道德研究所（Southern Institute of Business and Professional Ethics）所长约翰·耐普（John Knapp）说，"最聪明的解决办法是委派一名'魔鬼代言人'给 CEO 传达坏消息"。这位执行级雇员的工作是指出计划的不足，站在竞争对手的角度思考。

4. 树立内部信心。自信的员工更容易提供援助、跨部门工作、坦诚交流，不会畏惧与管理层意见不合。有力的领导者不会制造对失败的恐惧，而是创造一种信任——开诚布公是全公司最受珍视的一个价值观。当然，这需要保证每级员工都不会因为讲真话而受惩罚。

5. 奖励透明。建立新的业绩预期和衡量员工绩效的新度量体系，以奖励透明和公开。例如奖金，加薪或升职可以与员工自身能力挂钩，如提出创新性建议的能力，与他人协作的能力，特别是跨部门协作，以团队合作的方式创造解决方案。

6. 共担责任。慢慢植入一种新的企业文化，那就是，共担解决问题的责任。正如弗雷德·哈桑所说："互相指责、推卸责任是容易的。结果，公司遭受损失。如果有问题，就让我们共同承担！"

7. 倾听和学习。如果你拥有一颗"什么都知道"的脑袋，你已经"站在那里，并作了那些"，那么你已经踏上了失败的道路，因为没人能帮到你。真正的成功者会虚心倾听，努力学习，然后成长。

第七章　骑上技术浪潮

一切皆流，无物常驻。

——赫拉克利特，公元前6世纪哲学家，
《第欧根尼·拉尔修——贤者列传》

在互联网经济中获得繁荣发展的企业和国家能够在对手意识到之前就抢先做出改变。

——约翰·钱伯斯，思科系统公司主席兼CEO

任何公司的成功都是与其预见和适应不断变化的商业环境的能力分不开的。对于很多公司而言，技术更新的速度是最关键因素之一，影响着他们是否能够在日益激烈的竞争中维持领先地位，不断满足消费者新需求。根据盖洛普国际（Gallup International）对来自68个国家的5万名受访者所做的一项调查，40%的受访者认为，"技术进步"是目前全球范围内最重要的挑战，商业环境必须适应它。

的确，消费者需求的频繁巨变，加上革命性技术进步，已经造成了一种"不连续模式"，使很多公司前途堪忧。正如哈佛大学前校长劳伦斯·萨默斯（Lawrence H. Summers）在瑞士达沃斯召开的2006年世界经济论坛（World Economic Forum）上所说："突破性新技术正在给全球经济带来革命性改变。"这是因为在快速变革时期，当公司需要对意外事件迅速作出反应时，过去的辉煌就不一定代表着未来的成功。不再像稳定时期那样，过去各个季度的数据能够说明公司的绩效。WPP 通信集团 CEO 马丁·索里尔（Martin Sorell）在达沃斯世界经济论坛的一次集体讨论会上说："传统体制下的传统企业要想迅速适应这种变化几乎是完全不可能的。"

来自麦肯锡咨询公司的比尔·修伊特（Bill Huyettand）和帕特里克·维格里（S. Patrick Viguerie）认为，由于新兴技术将各个行业的巨擘——击倒，"落马率"，即公司在 20 年内失去领先地位的概率，比 20 世纪 90 年代中期以前增加了一倍。修伊特和维格里称，目前的市场环境为"极端竞争"时期，一些表面看起来地位领先的公司实际上是最薄弱的。比如，当个人计算机转向 Windows-Intel 平台时，苹果公司险遭崩溃；惠普公司吞并了康柏电脑公司；IBM 放弃了他们曾引领变革的个人计算机业务。面临这项挑战的不仅是技术公司。随着网络媒体在分类广告方面形成强大的竞争，纸媒即时报道新闻的能力受到威胁，报纸行业也在努力改造自己。

太阳微系统公司的 CEO 乔纳森·施瓦茨（Jonathan Schwartz）坚信，落马的情况不会在他的公司发生。"我一生消费的电力几乎是父辈的三倍"，施瓦茨说，"他们则是他们的父辈的三倍。随着这种情况不断延续，能源利用率将会成为太阳微系统公司（以及丰田、波音、BP 和通用电气）的一大竞争优势，也会成为政府和选举人在环境方面的重点考虑因素。也许你认为自己消费的能源不值一提，但如果你将自己的消耗量乘以 300 万，我保证，你会发现数值大得惊人。这无关于你身在明尼苏达州的农场，还是印度的乡村"。

一个不连续性时代

在竞争高度激烈的全球市场中，我们不断加快变化的步伐，不连续性是我们为此所付出的代价。不断加剧的竞争在造成各种问题的同时，也会带来机遇。对于那些足够灵活的公司来说，这些不连续性能够带来增加利润、加快发展的机会，只要他们能够创立一种新的范式。公司不能再依靠过去，而是要从外部的消费者入手进行重建。"什么东西才能更好地满足消费者的需求？他们将来想要什么——他们现在还没有意识到的，我们只能大概预测的？"这类问题不断打破公司的指挥和控制。实际上，它们使得公司的传统领导方式难以维持。

即使在这种愈加动荡的全新环境下，领导者仍能够通过他们目前的财务和资产情况来预测将来哪些领域将会成为新的增长点。这些领域正需要他们投入大量资本和情感。随着技术破坏市场和创造机遇，灵活的公司顺应技术的变化，继续发展，而不能顺应者则走向消亡。要想抓住和利用机遇，一家公司也许需要放弃代表其身份的核心业务。苹果电脑公司转移到 iPod 业务，获得了飞速发展。iPod 的产生来源于一个简单的设想：为消费者提供随时随地听音乐的更佳方式。正是通过这一种新产品，苹果公司获得重生，展示了新的优势和全新的领先地位。2005 年底，iPod 产品家族的销售额占苹果总收入的 40％多，超过了其计算机的销量，而之前不久，计算机还是公司的核心业务。当然，苹果肯定不是唯一一家业务与公司名称代表的产品无关的著名公司。康宁从玻璃业务转向塑料；沃尔沃从轿车转向卡车；IBM 从硬件转向技术；施乐从复印机转向咨询；柯达则由胶卷转向数码产品。

抢占技术前沿

骑上技术浪潮需要赢得每个利益相关方群体的信任，包括：

1. 消费者。只有他们相信你的行动将会满足他们刚开始意识到的新需求，才会买你的账，接受你提供的解决方案。

2. 员工。若要赢得员工的信任，需要保持对他们的激励，与消费者相比,他们的要求更高,而不是更低。

3. 银行和债务人。一定要让他们相信,公司将会保持良好的财务状况。

4. 股东和董事会成员。需要他们为公司转向新方向提供灵活的空间和耐心。

5. 不要忘了竞争者。尤其是刚起步的小型创业公司,因为它们是多数创新的源头。

信任是成功应对不连续性的核心因素。哈佛大学管理学教授克雷顿·克里斯汀森(Clay Christensen)指出,他的研究发现,完全合理的突破性创新很容易受到质疑。他发现,"在成功的大型公司,一旦有挑战其运营方式的理念提出,就会受到理所当然的嘲讽。"克里斯汀森认为,资本市场也会出现同样的情况,拥有新创意的公司的出路是将这些创意与他们的日常业务分离,使它们的发展能够远离公司的监管和控制。"一旦脱离了公司内固有的怀疑环境,机会就变得明朗起来",他说。信任你的员工,换句话讲,就是要能够利用新理念的力量,使员工能够在竞争中抢占先机,骑上技术浪潮。

客观地说,作出转向新领域的决策并非难事。毕竟,大胆创新的公司如果能够预测和满足消费者不断变化的需求,资本就会给它回报。但现实往往并非如此简单。抓住主要业务、资产,特别是员工不放,也许会事与愿违,但抛弃这一切可能更加令人不快。领导者很容易掉入这样一种陷阱:当单独投资于竞争优势领域就能够带来大逆转之时,却还在向公司出问题的领域砸钱。对竞争优势领域的投资需要一种驾驭自己的本能和利益相关方情感的能力。

为了成功走出过去的模式,每一位利益相关方都要忘记有关过去辉煌的记忆。但是,克里斯汀森认为,妨碍公司抓住一次次机遇的更大困难在于,公司努力将重要的不连续创新用于改善其产品结构时,往往在财务上遭受巨大损失,至少短期之内是如此。最大的挑战在于没有方法去预测结果。正如克里斯汀森指出的,"不存在的市场无法被分析:供应商和客户必须一起发现它们。在新技术的开发期，不仅新技术的应用市场是未知的，连新技术也是不可知的。”

"证据非常之确凿"，克里斯汀森坚持认为，"就连当今最成功的公司在当初也不知道自己在做什么——他们失败之后，剩下的钱刚好够他们走向成功"。他认为，公司必须启动"学习与发现的计划"而非"执行计划"，才能在新的行业或市场取得成功。也就是说，最初进行目标的规划，设想需要走到哪里，然后设计一个计划，验证这些设想能否成立。这时，你才能够决定是否要对创新投资。

当然，"学习与发现计划"并非多数公司处理日常事务的方式。微小的渐进式变化才能给利益相关方以信任感。除非领导者作了计划周详的准备，使利益相关方能够接受公司转向新业务时不可避免出现的倒退，否则，信任的降低是难以避免的。不过，也不是完全不能避免。某些公司就很好地处理了破坏问题，也有一些公司更加出色，这是因为他们都利用了来自各方的内部力量。还有公司则失败了，因为他们没有找到支持必要创新的合适力量。

在 2006 年的世界经济论坛，我参加了一场关于开放式创新的研讨会，同时参会的有耶鲁大学（Yale University）校长理查德·莱文（Richard Levine）；思爱普（SAP）的 CEO 亨宁·康特曼（Henning Kantermann）；CA 的 CEO 兼主席约翰·斯文森（John Swainson），以及其他一些小型技术公司的 CEO。在研讨会总结中，莱文提出，成功管理创新需要三大要素。首先必须保持开放。其次，需要明确了解自己的业务和竞争优势——你能够与其他公司分享什么，不能分享什么。第三，必须认识到创新者之间需要信任。这种信任建立在相互理解业务模式和面对面交流的基础之上。

改变业务模式：以真诚换灵活

2000 年，当安妮·麦卡伊（Anne Mulcahy）成为施乐总裁时，施乐这个名字还是复印机的代名词,是每一位商业人士的生活中不可或缺的一部分。然而,公司同时还面临着日趋严峻的流动性危机,负债高达 1 480 亿美元。麦卡伊明白,她必须改变施乐的业务模式。尽管在复印机领域一度独领风骚,施乐还是决定改变产品结构,更加专注高端打印和集打印、复印、传真和扫描于一体的多功能网络系统。麦卡伊必须调整公司结构,削减成本,并大力实行资产处置计划,以增加现金流,改善资产负债表。另外,她还要应对一项财务丑闻,它致使施乐公司向美国证券交易委员会缴纳了数额空前的罚款。换句话说,施乐,这个家喻户晓的名字,将紧缩公司的运营。2000 年秋,麦卡伊在华尔街宣布,她甚至会考虑减少股票红利。她大胆宣称施乐的发展战略是新产品和文件管理服务。

然而,麦卡伊的前任并没有为如此巨大的转型做好宣传铺垫。第二天的报纸头条上出现的不是麦卡伊改造施乐的大刀阔斧计划,而是她发言时提到的施乐的"商业模式是不可持续的"。于是,施乐申请破产的谣言四起,股价马上下滑 26%。

似乎外界没有一个人将麦卡伊的演讲完整听完,她在最后宣称:"我们不是要让施乐重返过去的荣耀,而是要重新定位我们的商业模式,在当今我们面临的竞争日益激烈的市场中取胜。我也要强调我们的情况不免有一些紧迫。"

也许麦卡伊高估了分析家们对直言不讳的宽容程度。然而,她很快了解到付出最大努力以确保公司内部人员准确接收她的信息的紧迫性。接下来的 12 个月,她跋涉 10 万多公里,会见施乐的员工,与他们直接就公司新的发展方向进行谈话。"会见施乐的员工给予我继续走下去的动力",她说,"他们向我讲述了很多故事"。

麦卡伊意识到,在一次大逆转中,作为公司高层,她最重要的任务是对施乐公司的前景尽可能保持坦诚,同时通过公开现有的改变计划,使员工安心。在重要时期,强有力的领导者需要让员工和包括董事会成员的其他利益相关方做好准备,挺过困难和缺乏信任的时期,直到公司业务的逆转已经定型。麦卡伊做到了这一点。

　　截至 2004 年第三季度,施乐 1/3 的收入来自于之前 24 个月内新研发的产品。严格的成本控制提高了利润率。财务主管朗达·西格尔(Rhonda Segal)改进了公司的资本结构,加强了与信用评级机构的联系,逐步提高了公司的信用评级。华尔街也对施乐的策略表示认可,2000 年 12 月到 2006 年 2 月,施乐的股价翻了 3 倍。

　　南加州大学(University of Southern California)安南伯格全球化与交流研究中心(Annenberg Research Network on Globalization and Communication)主任帕特里夏·莱利(Patricia Riley)指出,每逢时日艰难,麦卡伊这类高管比缺乏协作型沟通的高管更容易取得好的结果。当整个公司在进行彻底改变时,动员各个层面的利益相关方是至关重要的。"高层的人们讲话会用行动指向型的语言,比如'我们正在努力加速',或者'我们正在为成功加油'",莱利说,"领导者需要转变用语习惯,不再使用速度和紧迫性的语言,而是转向包容性语言:'我们要做的是什么,我需要你们做的是什么'"。

　　"成功沟通的关键就是",莱利解释,"努力了解人们需要听到什么,他们需要以何种方式听到,而不是高管自己想要说些什么。获得员工想法的反馈应该不难。然而,某些组织擅长传达自己的信息,却不擅长接收反馈和倾听"。

极端竞争是否与分享相容?

　　太阳微系统公司的斯科特·麦克尼利(Scott McNealy)认为,在当今这个全民参与的年代,建立社区与共享智力资源是开拓新市场和创造经济机会的重要举措。麦克尼利强调,共享与真诚是建立信任的基础。当今的技术环境之下,"广泛分布的市场将被压缩为一个无缝单体,网络将每个人和每件事都紧密编织在一起","单打独斗"的方式越来越不可行。

太阳微系统公司已经调整了商业模式,通过开放产品的源代码,从当前的新形势中获取优势。太阳微系统公司放弃了自己的操作系统Solaris,向全世界开放源代码。CEO乔纳森·施瓦茨说:"开放源代码模式为我们创建了最棒的长期商业模式。我们将不断增加对于社区对话的关注度。"对于太阳微系统公司而言,这不仅仅意味着保持现有的发现新支持者的对话。"开发者不会买,他们只会参与",施瓦茨认为,"太阳微系统公司关注发展中的新消费者,这样的机会都是在某次对话中出现的。每时每刻,人们都在开始新的对话。我们只需要参与其中。"

12个月内,Solaris被下载420万次。太阳微系统公司的战略始于将内部资产与外部受众联系到一起,包括知识资产和最佳实践。通过建立信任,公司建立起一个围绕自身发展的社会群体。关键的理念就在于,太阳微系统公司能够通过让公司内外的思想领导者和决策者参与并合作,从而弥合了自身与重要受众之间的间隙。太阳微系统公司的目标是继续发展和增强其领导力。在这个全民参与的时代,开放的竞争网络将为每个人都带来机遇,同时,也将为太阳微系统公司带来更多的需求和商业机会。

思科——通过无缝并购来捕捉创新

通过制定贯通内外的战略,思科公司在频繁的技术变革浪潮中屹立不倒,从而成为典范。思科公司深刻地领会,富有创新精神的创业者往往是新技术创新的源泉,所以该公司与竞争者合作,同时秉持积极的并购战略。"大型企业的威胁来自于突破性新技术以及新兴小型企业",英特尔主席克雷格·贝瑞特(Craig Barren)说,"如果你观察一下成熟企业所面临的挑战,会发现它们并不来自于其他的成熟企业,而是来自于新兴的小型公司"。

约翰·钱伯斯(John Chambers)自1995年1月起就任思科主席兼

CEO。钱伯斯在 IBM 和王安电脑公司（Wang）均担任过职务。他明白，如果不能适应瞬息万变的技术革新，公司将会遭受巨大损失。在思科，钱伯斯坚持拓展产品线，同时选择正确的战略合作伙伴。

"在这个行业，没有几个人能够选对合作伙伴"，负责公司研发的高级副总裁丹·沙因曼说，"这成为我们一个很大的竞争优势。合作总比竞争好。我们有时间发挥自己的优势"。

思科完善了寻找合适新兴小型企业，并购业内领先企业，并将新并购的企业融入自身商业模式的战略。反过来，这又促进思科持续搜寻下一代突破性技术，以及活跃出色的公司或人才。钱伯斯摒弃了独立作战，将并购与合伙作为公司发展方式的前提和重点。并购成为引进新能力和新技术，以及管理思科运营环境的主要工具，也成为思科竞争优势的核心。"并购就是我们的核心优势"，沙因曼说，"能够使我们在转型的市场中脱颖而出，加速发展"。

钱伯斯知道某些新技术会遭遇失败，但他仍然致力于新技术的实验，把这视为公司发展的关键动力。他认识到，如果想要保持两位数的发展速度，持续巩固思科的领先地位，就必须有冒险精神。"我明白，如果你不力争上游，就会被别人打败"，而且，"你也许不是最聪明的，但是如果你能将技术与战略相结合，就一定能战胜他人"。

沙因曼对此表示赞同。"要成功，你就必须冒险"，他说，"如果别人怎么做，你也怎么做，那么你会得到一样的结果"。沙因曼指出，成功新技术所带来的利益足以补偿失败新技术的损失。"然而，最大的危险在于我们不作为"，他说，"为了能够快速移动和成功，我们必须经常听取客户的意见，以预测未来的突破性商机，必须与风险资本家和银行家保持良好的关系，还必须赢得新兴小型企业和企业家的信任。要想在变幻莫测和快速发展的环境中取胜，关键就是理解和信任"。

思科调查转变中的市场，然后广泛寻找与这个市场有紧密联系的企业。通常情况下，思科自己的客户是推动其探索的动力。"有些时候"，沙因曼说，"客户的一句话会在我的头脑中萦绕好几天，进而为我们探索新的发展领域提供了方向。我们的目标是为公司自身开拓新市场,同时让我们的客户能够获得新的使用体验,从而提高我们的客户满意度"。

并购,然后整合

钱伯斯、沙因曼以及思科团队的其他人都明白,并购一家能帮助思科进入甚至占领一个新兴市场的公司,只是走向成功的第一步。接下来,一个同等重要的策略就是赢得被并购公司的信任,以保留被并购公司的大多数人才。毕竟,这些人才才是最初吸引思科公司的主要原因。

在寻找并购公司时,思科非常看重人际关系和共同愿景。"如果双方人员相处融洽,并购就会很顺利",沙因曼说,"如果我们能够很快整合为一个团队,紧密协作,会在开发大型市场时起到推动作用"。

思科整合战略的关键在于,在新公司的员工中建立对思科的认同感和归属感。这要求并购双方的员工都能够尽快了解和见证合并的益处。并购合同上的墨水还没有干,被并购公司的标志和名片就已经改好,被并购公司的一位高层经理被任命为整合团队的领导者。思科不会将被并购公司的经理人看作对手,而是将他们看作能够为建设整个公司付出努力的贡献者。整合既是社会性的,又是组织性的,这就是为什么其他跨国公司与外部合作时往往掉入"非我亲身"的陷阱,思科却能够避免这种问题,脱颖而出。

"我们的目标是建立一个人们愿意与我们合作的平台",沙因曼说,"在所有我们并购的公司中,约有50%的员工留了下来。他们认为我们的工作环境是开放的。员工也看到,我们的很多高层领导是从被并购公司提拔而来的,他们相信自己在思科能够有所作为"。

思科的第一次具有重要意义的并购是在1993年,它以9700万美元收购了局域网交换机公司格雷森多通信(Crescendo Communications)。在之后的12年间,思科的营业额由2 800万美元增长至250亿美元。在2005财务年,思科平均每3个月新增加1 000多名员工。

在对全球第二大有线电视机顶盒生产商科学亚特兰大公司（Scientific Atlanta）的并购中，思科的整合能力得以验证。此次并购花费了 70 亿美元，是当时思科历史上最大规模的一次并购。这次行动的目标是赋予思科强大的技术力量，开发集视频、电话和数据功能为一体的家庭网络技术，从而进入这个消费市场。思科计划把早期并购的公司，如林科思（Linksys）、丹麦的网络娱乐设备公司 KISS 科技（KISS Technology）与科学亚特兰大公司整合，从而与微软、摩托罗拉，以及其他想迎合消费者访问、存储和管理数字媒体的需求的公司竞争。

如果当时钱伯斯对思科的能力没有足够的信心，就不会有后来对科学亚特兰大的成功并购，尽管此次并购不同于思科以往的模式：购买小型新兴企业，且都邻近其位于加利福尼亚州圣何塞的总部。钱伯斯承认，完全将科学亚特兰大整合入思科也许需要两年的时间，但他坚持认为，"这次并购绝非一次赌注，我们对这次行动胸有成竹"。

求得平衡

虽然思科成功了，但在技术领域，大部分企业还是觉得，在与竞争者合作和对自己的创新做出恰当的保留之间取得平衡是困难的。由于成熟企业与新兴企业都在为占领更多市场而不断交锋，保留独立创新往往受到关系、形象以及信任因素的影响。

微软就是一家长久以来一直独自行走的公司。多年以来，批评家指出微软利用不法手段以维持其在计算机软件行业的主导地位。微软在美国和欧洲都官司缠身，受到反垄断诉讼。正如全球各大报刊头条指出，微软的高曝光率巩固了它粗暴、傲慢对待竞争对手的形象。在美国，针对微软的诉讼最终得到了解决。在欧盟，监管部门继续在迫使微软开放软件，以促进开发者的竞争和创新。经过几十年的抗争，微软终于开始逐步允许第三方获取它的源代码，尽管这并不足以使大多数欧盟批评家感到满意。

新投资的内部逻辑：来自 IBM 的经验

有时尽管发展顺利，你也应该明白需要进行彻底的转变，因为不连续性已经初见端倪。成功的领导者利用自己的长处和价值观来确保做出的改变能够取得长期的成功，同时认识到这些改变几乎一定会造成短期（甚至相当长一段时期）的破坏。

曾在麦肯锡公司担任要职的理查德·福斯特（Richard Foster）认为，这种环境就像是"爱丽丝漫游奇境式的一场梦"。他指出，你认识的人突然之间就完全改变，"长处变成了短处，短处变成了长处"。这种震荡让公司的管理层踏上"一次在自认为了解的领域中突然找不到方向的迷幻之旅"。

20 世纪 80 年代，一夜之间兴起的个人计算机革命带来的不连续性使 IBM 的管理层措手不及，险些造成公司破产。在小路易斯·郭士纳（Louis Gerstner Jr）的带领下，IBM 打造了全新的管理团队，并重硬件和解决方案，最终重返市场。最近，彭明盛（Sam Palmisano）带领 IBM 再次进行转变，放弃了个人计算机的全部业务，全力转向提供以客户为导向的企业整体解决方案。彭明盛坚持开发利用 IBM 几十年来在销售计算机硬件和软件的过程中所积累的研究与咨询能力。通过着重于提供建议和解决问题，IBM 攻克了不连续性，从一家以硬件销售为基础的公司转变为依靠信息技术领域的专业知识营利的公司。IBM 相信，企业将会把自己的后台运营外包给一家一直在为客户解决计算机问题的公司，这是 IBM 对未来的赌注。按照彭明盛的说法，IBM 的员工利用他们的专业技术管理企业的庞大数据库，能使企业集中精力处理自己的主要业务。过去几年，IBM 通过并购一些服务类公司，扩大了自身的外包业务，最突出的是并购拥有 3 万名专业人士的美国普华永道咨询公司，一些观察家将 IBM 此举称之为"提升服务的智商"。

IBM 希望自己的"业务绩效转型服务"和"业务流程外包服务"成为最高的利润增长点。这是吉尼·罗曼提（Ginni Rometty）带领下的全球服务部提供的主要服务。"我们相信，我们正在打开业务绩效转型服务的市场,因为我们积累了得天独厚的能力和技术",罗曼提说,"传统的 IT 竞争对手无法进入(这个市场),因为其门槛很高"。

IBM 从事这个领域已经有几十年的历史,为向大型客户销售高质量特有服务做好了充分准备。IBM 提供的解决方案需要具有极大的灵活性,能够恰如其分地满足客户的所有需求,从租赁计算空间、解决运营小故障,到外包全部的数据功能,都可以实现。罗曼提希望企业与企业顾问使用 IBM 的方法和资源来"重构与合理化"销售、管理过程中的所有部分。IBM 依靠其独有的全球性专业技术,模糊了信息技术服务与战略咨询之间的界限。它强调的是实用的解决方案。

很多观察家依然认为,IBM 的新生是一场豪赌。当一家公司回应不连续性时,转型往往不那么一帆风顺。不是所有的客户都愿意将自己的后台运行交给第三方负责,而且很多公司的 IT 部门也强烈反对高层的这种决策。在客户迎头赶上 IBM 对未来的愿景之前,IBM 很可能要经历一段动荡的时期。的确,在 2005 年,包括摩根大通银行、大东电报局(Cable & Wireless)和英维思集团(Invensys)在内的大型客户与 IBM 解除了价值几十亿美元的外包合同。这无疑也是因为来自电子数据系统公司(EDS)、计算机科学公司(Computer Sciences Corporation)和埃森哲咨询等公司的竞争日益激烈。

然而,IBM 成功地说服了利益相关方支持自己。公司的净收益回到了转型前的水平,股价回升,尽管只是回到 2002 年的水平。最重要的是,企业的员工在高层的动员下,积极地开始对 IBM 始于 20 世纪 50 年代的"基本信条"进行新世纪的阐释。CEO 彭明盛知道,转变公司内外人员的思想需要时间。过去几年来,他致力于转变公司的思维方式,并与员工沟通这些转变。他确保这种沟通是双向的,建立了以价值观为基础的管理体系,以求员工和客户能够对瞬息万变的环境迅速做出回应。

"你当然能够利用各种自上而下的管理体系,但在 IBM,这是不可行的。我同时认为,在 21 世纪,这种方式在越来越多的公司中都行不通",彭明盛解释说,"将一套管理与控制的机制强加于一大批专业人士之上是不可能的。CEO 不能命令他们'排好队,跟我来',或者'我已经决定了你们的价值观'。他们太聪明了,那样行不通"。

彭明盛将 IBM 新的价值观分为以下三点,他希望每一位员工都能够认同它们:

1. 致力于每一位客户的成功;

2. 创新,为了 IBM,为了世界;

3. 与所有的关系方建立信任,承担责任。

这些价值观帮助 IBM 在许多方面完成了转变,其中包括改进定价方式。按照新的"客户友好的、横跨整个公司的解决方案"原则,每个业务部门必须改变通过各自损益分析单独定价的做法。彭明盛说:"我们有能力提供包括硬件、软件、服务以及财会的全套解决方案,这是我们真正的优势所在。"

彭明盛想要确保每一位客户都为 IBM 带来利润,但他也想确保每位客户取得成功。他带领公司高层建立一个给利润中心重新分配成本的体系,同时坚持已经建立的 3 个价值信条。"现在我们是提供一种真正横跨全公司的解决方案,能够为客户和我们自身提供最优的服务",他说。

当 IBM 的咨询师销售解决方案,回答数据翩翩起舞的秘密的时候,在某种意义上彭明盛正在再造老牌的蓝色巨人。在这场剧目中,IBM 不再仅仅销售硬件与软件。彭明盛希望利用 IBM 最受人尊重的长处:寻找最优雅解决方案的才华。

转移客户群

应对不连续性的最大障碍之一来自我们常说的"了解你的客户"。具有讽刺意味的是,你对客户越了解,就越难以回应会威胁公司核心形象的变化。公司对这种威胁作出的自然反应是更加重视最重要的客户,因为公司认为维持现状是保持利润的最佳方式。然而,维持客户的最佳、最快的方法,如扩展产品线、改进产品、并购一家互补性公司,很可能不会改变公司的动力学。这些改变无法帮助你的公司通过不连续性的考验。随着客户品味和需求的改变比以往更加迅速，每一家公司都将面对不连续性。只有极少的公司会到从未涉及过的领域寻找客户，做到未雨绸缪。然而，这才是应对不连续性的正确方法。

牙医行业是通过发现以往未考虑过的客户群顺利度过不连续时期的一个很好事例。水源中添加的氟成分，几乎根除了很多社区的蛀牙问题，牙医和牙膏行业都必须创造性地应对这种情况。牙医诊所现在重新人满为患，如今的患者拥有健康的牙齿，只是想要更加美观。高科技清洁与牙齿美白技术成为很多牙医诊所的重要利润中心。牙科产品公司顺应这个潮流，开始生产更加经济的非处方美白产品，以满足这部分消费者的需求。在几年前，他们甚至未被考虑过。

当然，所有企业都希望开创新产品，开拓新市场。利用制度导向，细分客户群体，加强对他们的关注，以增加对现有市场的供应，是可行的，但前提是你所重视的这个客户群能够保持增长，或者这个市场竞争不太激烈。很多公司会被自己基于传统客户建立的公司形象所束缚；他们会继续保持过去的形象，尽管这么做已经没有什么益处。我们见证过很多公司，一味追求不断缩水的客户基础，拒绝睁大眼睛，放眼看看那些能够带来盈利的市场。最具前瞻性的领导者会在寻找新客户的同时，在意料之外的领域为现有客户寻求解决方案。这往往意味着要提出全新的方式来满足新出现的客户需求。如果美国的航空公司投资开发电话会议，把后来成为他们大多数重要客户的这种选择纳入囊中，情况会怎样？但是航空公司只关注将人们在各地之间来回运输，从未考虑过能够改变行业范式的理念和新解决方案。

7-11 与供应商的密切协作

迅猛的技术变革几乎波及每个商业领域，不仅限于那些技术企业。

零售业的 7-11 连锁便利店近年来就出色地利用新技术,迎合了客户生活方式的改变。在这次转变开始之前,7-11 在美国的主要客户是年轻的蓝领阶层,行色匆忙的男性工人。他们买完六罐装的啤酒、一包香烟或一包零食,很快消失在门外。为吸引专业女性和全职妈妈(7-11 在其他国家的主要消费者),总裁兼 CEO 吉姆·凯伊斯(Jim Keyes)明白,他必须改变 7-11 的形象,向每个人,尤其是女性,提供真正的便利服务。这意味着在便利店中出售除牛奶、啤酒和糖果之外的更多产品,包括女性消费者通常在零售店购买的生鲜食品。

凯伊斯投入大量资本,用技术来支撑他所谓的"集中化分权"。他在成功吸引几个新阶层消费者的同时,也在很大程度上改善了对现有消费者的服务。现在,每家便利店的经理都拥有足够的自主权,以决定店里重点销售哪种产品。"我们愿意给夫妻店一些空间,如果猪肉三明治卖得好,就允许他们销售它们。在这个方面,我们与麦当劳不同,麦当劳所有门店的产品都要受到严格控制,根本无法满足当地的个性需求",凯伊斯说。

通过提供信息系统和物流服务,7-11 公司总部支持各个便利店的这种自主性,帮助他们做出正确决策,并确保他们选择的产品能够以最快的速度送达。每天两次为全美 5 800 家便利店运送生鲜食品比塞给他们各种包装产品要困难得多,只有对 7-11 的技术和物流结构进行彻底变革之后才能实现。

回应购买习惯改变的不连续性的关键在于建立新型关系。凯伊斯明白,只有与供应商建立相互信任的合作关系,才能满足新客户群体的需求。为表示诚意,7-11 比多数公司更开放地公布了实时销售数据,并为供应商提供市场分析服务。7-11 的数据共享项目叫做"7-共享",能帮助主要供应商了解各种产品在各个便利店的销量。该项目包括一个复杂的跟踪软件,能完美地避免存库不足,帮助每位供应商伙伴成功发布新产品。虽然 7-11 严格保密有关消费者店内消费行为的数据,但从不吝啬于向供应商提供其他数据,协助他们提高销量。例如,当佳得乐(Gatorade)想要上市一个新口味的饮料系列 X Factor 时,7-11 向佳得乐提供了等渗饮料销量排名在前 25％ 的便利店名单。通过告知佳得乐新产品在哪些便利店更容易取得成功,7-11 使这种新品饮料为双方带来了共赢。

以公开透明的方式与供应商打交道,与之建立互助关系,这对公司成功完成转变具有重要意义。如果无法与周围的人保持具有竞争力的良好关系,就很难应对不连续性。当一家公司以全新的方式来回应预测到的需求时,这是公司最脆弱的时期。在这个时候,把它置于公开审查之地,似乎违背常识,但也正是在这个时候,如此的行动才能发挥最关键的作用。

为了节约成本,以最有效的方式提供服务,7-11 不仅与供应商共享信息,还把很多运营流程外包。凯伊斯观察到,7-11 在日本的便利店实行日式供应链管理模型,从而大幅降低了成本,于是决定采取行动。利用"集成供应商网络",7-11 便利店能够更灵活地使用资源,从而获得实质性的增长和盈利。随后,凯伊斯把 7-11 的几乎每一种活动都拿到桌面上来讨论是否外包,只保留了那些代表公司"核心"的和成本效率比所有供应商都更强的产品及服务。例如,7-11 退出了生鲜食品配送业务,为公司降低了经常费用,消除了直配成本,同时提高了给每家便利店配送更新鲜食品的频率。通过外包其他产品,7-11 已经成为"一站式便利店",能提供多种非传统便利店的商品,包括支票兑现服务。

"优秀的企业总是不忘对自己进行改造和革新,因为客户群体一直在改变",凯伊斯说,"改造一家企业——改变其目标市场——不是通过广告宣传就能实现的,尽管一些公司并不这样认为。但是,我完全相信产品的魅力。客户的需求被满足后,很快就产生口碑效应"。

信任—价值观的联系

显而易见,应对不连续性和技术变革的方式不是只有一种。然而,无论使用哪种策略,你都要反应灵敏,切合实际,同时热情地回应利益相关方。只有他们提供足够的回旋空间和大力支持,你才能在较少的反对声中逐步变革公司业务或利润中心。这意味着充分利用信任-价值观之间的联系。这意味着要有信心洞穿那些既得利益者的反对言论,用直觉捕捉变化的蛛丝马迹,在面临混乱时,用审时度势的智慧坚持下去。按照罗莎贝斯·莫斯·坎特(Rosabeth Moss Kanter)的说法,在这种形势下,能使你得到周围人们理解的"解药"是"对话——商讨不可商讨之事的能力"。

在转变时期,利益相关方的信任是一笔无价的资产。每次有关转变的沟通都要传达你对公司未来的愿景,现在的进度,以及所需的利益相关方群体的支持。在不断的重复中,这些内容呈现出真理的外观,即使人们不完全理解它们。只要你取得一些进展,你的策略看上去就是符合逻辑的,你至少就能够获得勉强的支持。随着你的理念结出硕果,这样的支持很可能发展成为对你的信任。

本章小结

1. 破坏是一种机遇。领先公司把技术变革带来的不连续性看作一种机遇,而非恐怖的颠覆。

2. 维护关键利益相关方的信任。想在公司内部发起改变,你需要员工的信任以提供持续的动力;需要股东和董事会的支持,争取向新方向调整的时间。同时,你还要巩固与竞争对手之间的关系,尤其是小型、新兴的企业,它们是多数创新的源头。

3. 投资于优势,而非弱势。太多的公司花费大量投资修补问题,但更有效的方法是集中投资于公司的优势领域。优势领域不是指公司擅长的"核心能力",而是与其他公司相比更胜一筹的领域。放弃弱势领域,越早越好。

4. 倾听，并抢前一步。听取员工们关于公司的优势、弱势和价值观的看法。但还有一种更积极的作法：倾听客户时，不局限于满足他们目前的需求，而是寻找他们目前还没有发现但很快就要出现的需求与解决方案。

5. 在意想不到的地方发展客户群体。从"对立面"考虑问题。现有客户群的反面是哪些人群？哪里会有一个你还未开发的、充满潜力的市场？在 7-11 的案例中，喜欢饮酒的年轻单身汉的对立面是忙碌的母亲。你能够对现有客户群的对立面提供什么？说不准某天你要真的这样做才能挽救自己的公司。不过，就算现实中你不会走到这一步，这种思维练习也能够帮助你正确思考，成功应对不连续性。

第八章　参与公共政策游戏

追根究底,我们最基本的共同联系是我们都生活在这个小小的星球上。我们呼吸着相同的空气。我们都珍惜我们孩子的未来。我们都是凡人。

——约翰·肯尼迪

美国婴幼儿吃得最多的"蔬菜"是什么? 哭泣吧,因为答案是薯条。

——尼古拉斯·克里斯托弗,《纽约时报》

听到"游说"这个词,人们往往会联想到试图影响政府官员的不良企图。其中的原因在于,新闻媒体总会将被指控欺诈或贿赂公职官员的说客公之于众,游说的名声就此被破坏。但这种负面的"游说"与公司参与讨论能影响其运作的社会或政治问题的"游说"完全不同。

高管们广泛赞同应该参与政治活动。2005 年 12 月,《麦肯锡季刊》(The McKinsey Quarterly)对 116 个国家的 4 238 位高管进行了一项调查。调查显示,全球范围内的高管一致认同:企业在社会中所起的作用远远不止单纯履行对股东的义务,有效管理社会政治问题也至关重要。

CEO应在这方面做出表率。

调查还显示:"4/5以上的受访者一致认为,企业在为投资者创造高收益的同时,也应该为公共利益做出更多贡献,并致力将公司的负面影响降至最低。只有1/6的受访者认同诺贝尔获奖者米尔顿·弗里德曼的著名理论,即高利润是企业的唯一重点。"

此项调查中,几乎所有人都认为,大型企业不能很好地预测社会压力和批评。只有3%的人不赞同这一点。麦肯锡公司的一位主管兰尼·门东卡(Lenny Mendonca)认为,公司往往做出的是一种"被动的战术反应,而不是战略性应对"。因此,就连那些试图回应社会关注的高管,也会因为公司或许采取了错误的方法而无能为力。比如,近一半的受访者(48%)称,自己的行业中确有某些公司对政府和监管部门进行游说,但只有1/4的人相信这些努力最终起到了作用。

在美国的11 000多家上市企业中,只有1 000家为影响政府政策曾做出过努力。这些企业多数是大型跨国企业,他们聘用一些小型游说团队,运用一系列公关战术。然而,麦肯锡所做的调查显示,即便是这些公司开足火力,也往往勉强才能影响或预测到公共政策的变化。有一个原因在于,在多数企业,与政府部门或批评家打交道的事务都交予公司里靠下层的部门负责,高管层很少有人参与进去。这些公司只着眼于短期利益,目的是维护公司的稳定地位,而不是参与政治讨论,因此最多只能算是"影响力小贩"。

在合规的基础上
为股东提供最大回报

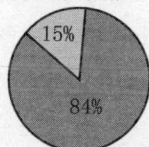

15%

84%

在为股东提供高回报
的同时平衡对公众福
祉的贡献

下面的描述中哪个最恰当地
反映了大型企业对于公众福
祉的作用?

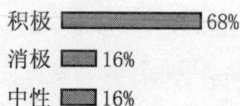

积极 ▬▬▬▬▬▬68%
消极 ▬ 16%
中性 ▬ 16%

图8.1 企业在社会中的角色

面对影响公司利益的公共政策讨论，为何几万家企业都无动于衷，无意参与呢？也许是因为多数公司，尤其是中小型企业，认为自己无法影响结果或管理社会政治压力。他们就像是从不关心政治过程的公民，尽管政治决策会对其生活产生深远的影响，仍未参与其中。政治学家将此类行为称作"理性漠视"，意为人们对某些会影响自身生活却又不能靠自己的行动去改变的事情理所当然地漠不关心。然而，就连谷歌这个被看作是典型的"局外人"最近也聘用了一个游说团队。谷歌在中国的策略受到广泛批评，其网上搜索隐私问题也屡被质疑，于是决定参与华盛顿对于开放因特网平台的讨论。

然而，对于上市公司而言，不参与政治过程是"非理性漠视"。因为公司高管的影响力往往比他们认为的大得多，而且与公司规模的大小无关。作为一位领导者，如果你任由外界将规则或结论强加给自己——无论是通过诉讼、新法律等实行，还是监管规定的变化——你的选择余地就会被严重限制。如果你在政府回应公众情绪时不表达自己的立场，你的选择余地也会受到限制。最有效的方法是，预测会有什么变化将影响你的公司，然后努力成为行业中朝着有希望方向前进的领头羊。

嘉宝表明立场

嘉宝食品公司（Gerber Products Company）在影响其自身的公共政策讨论中抢占了先机。嘉宝公司于 1928 年在多萝西·格贝尔（Dorothy Gerber）的厨房中创立，如今已成为全球婴幼儿食品领域最负盛名的品牌。早在 2002 年，虽然某些专家提出过一些建议，但世界上仍然没有一套全面的膳食指南，能够解决两岁以下儿童特有的营养与喂养问题。当时还没有人注意到童年早期营养问题对童年后期及成年后健康的影响，但时任嘉宝 CEO 弗兰克·帕拉托尼（Frank Palantoni）意识到，用不了多久，社会政治压力就会引发政府对幼童营养的关注。实际上，由于儿童早期的不良饮食习惯会永久性影响其一生的医疗保健成本,很多政府已经开始将造成儿童肥胖症的责任归咎于食品公司和公共政策。美国前第一夫人劳拉·布什(Laura Bush)开始呼吁学校提供更健康的食品,很多学校的理事会开始要求撤掉学校内的零食贩售机,世界各国政府也在考虑立法限制某些儿童食品的营销。

刺激帕拉托尼付诸行动的是当时麦当劳的一个广告,画面中是一个婴儿和一根薯条。他使用营销手段唆使父母给婴儿喂薯条的行为令他感到气愤。他下定决心,嘉宝将在儿童营养领域带头影响公共讨论,并在基于科学研究设定营养标准方面发挥作用。由于公司拥有庞大的童年饮食模式数据库和在儿童营养市场的领先地位,就促进和帮助关于如何改善婴儿和儿童饮食习惯的公共政策讨论,嘉宝已经做好了准备。"在健康问题领域,我们知道,我们在美国社会中的角色是,我们有责任成为婴幼儿营养领域的领跑者,"帕拉托尼说。

"嘉宝在婴幼儿食品行业久负盛名",现任总裁兼 CEO 科特·施密特(Kurt Schmidt)认为,"我们想要站在这种名誉的台阶上,进入公共政策的讨论,确保这些问题能有助于公司的发展,而不是设置障碍。"

2002 年春,嘉宝出资实施了当时历史上规模最大的一次婴儿和幼童膳食营养摄入量调查,涉及 3 000 名 4 个月到 2 岁的婴幼儿。嘉宝认为,这个年龄段是婴儿的味觉和偏好形成的重要时期,却往往被忽视。这次婴幼儿喂养调查的目的是调查婴幼儿的饮食选择和营养摄入情况,并验证它们是否达到了美国医学研究所(Institute of Medicine)对于维生素和矿物质摄入标准的要求。2003 年 10 月,在得克萨斯州圣安东尼奥市的美国饮食协会的年会上颁布了惊人的调查结果。结果显示,4—6 月龄的婴儿摄入了过多的热量和不合适的食物。尽管这些饮食能够满足维生素和矿物质摄入标准,但很多婴儿身上表现出了与多数美国成年人相同的不健康饮食习惯。例如,调查发现:

1. 饮用苏打汽水的婴儿最小只有 7 月龄;
2. 调查涉及的每一天,都有近 25% 的 19—24 个月龄的幼儿没有摄

入任何水果或蔬菜;

3. 很多幼儿在 19—24 个月以前每天至少一次摄入糖果、甜品或含盐零食;

4. 炸薯条是 19—24 月龄的幼儿最常摄入的蔬菜。

婴幼儿喂养调查是一次综合全面的调查,首次证明了年龄如此之小的幼童们从甜点、糖果、含盐零食、薯条和碳酸饮料中摄入了大量毫无营养价值的热量。调查成果似乎也再次证实,美国儿童正身处于成为新一代肥胖症患者的危险之中。由嘉宝赞助的另一项相关研究发现,7/10 的受访父母不知道每天需要喂他们的孩子多少水果和蔬菜,43% 的父母称他们的孩子在一岁以前就吃过炸薯条。此外,嘉宝先前赞助的田纳西州立大学(University of Tennessee)实施的研究证实,婴儿早期的食品偏好对其一生饮食习惯的形成具有重要影响。

基于这些调查结果,嘉宝发起了一个名为"开始健康,保持健康"的集研究、教育和宣传为一体的项目,以推广更优的婴幼儿食品方案。该项目切实帮助父母为孩子选择健康的食谱。在启动这个项目时,嘉宝用《时代周刊》的两个版面刊登了宣传图片:一个蓝眼睛的婴儿手中拿着一根薯条。标题是"不良饮食习惯容易在早期形成",接下来是文字说明:"父母喜欢向宝宝喂食成人的方便食品,但现在是你们帮助宝宝培养良好饮食习惯的最佳时期。"

嘉宝推出这个项目一个月内,公司的 800 健康咨询热线接到了 11 000 个电话,医生前来咨询的人次增长了 15 倍。嘉宝推出了一系列有机婴幼儿食品、经过冷冻干燥的 100% 水果零食、"迷你水果",以及可微波加热的小包装健康主食"小小主食"(Lil Entrees)。"小小主食"类似于迷你冷冻快餐,每一种都能为婴幼儿提供几种蔬菜。

在美国,健康医疗与儿童健康历来是政治议题的重点。新闻头条指出,美国婴儿头一年的成活率甚至低于斯洛文尼亚的婴儿,这更加引起了公众和政府官员的重视。为改善儿童的健康水平,公共压力持续推进着一系列的措施,如对垃圾食品征税,禁止在学校出售汽水、薯片及其他零食等。

嘉宝是首先作出回应的公司之一，高管对先机的抢占使嘉宝得以参与"选举人培养"，促进"政治策略与市场战略之间的有利关系"。威克森林大学(Wake Forest)管理学教授迈克尔·D. 罗德(Michael D. Lord)说："这能提高两个方面的竞争优势。拥有优质的产品、满意的员工以及忠诚的客户的公司，能够把这些资产运用于有利的公共事业，获得政治影响力。反之，如果一家公司名誉不佳、员工抱怨、客户不满，那么全世界的资金、公关以及说客都无法帮助它提高在公共政策中的获益。"

嘉宝和金宝汤(Campbell Soup)等公司都是以积极了解消费者心理为启点，发挥自己的优势。"非常幸运的是，我们的主营业务内含了健康导向和健康洞察"，金宝汤公司首席战略官兼高级副总裁卡尔·约翰森说，"因此我们能够形成比同行更强大的优势"。同时，金宝汤也重视与美国食品与药物管理局和美国农业部等政府部门以及美国心脏协会(American Heart Association)、美国营养学会(American Dietetics Association)和美国儿科学会(American Association of Pediatrics)等主要健康组织建立密切关系。"我们帮助它们了解我们的行业，了解哪些问题能够用科学来实现，哪些无法实现"，约翰森说，"在某些情况中，我们其实与他们建立了伙伴关系。我们也接触各种利益群体，其中的有些历来对本行业并不友好"。一个例子就是金宝汤与耐克公司、麦克尼尔实验室(McNeill Labs)以及美国外科联合会(U. S. Surgeon General)联合赞助了"培养美国青年"(Shaping America's Youth)项目和线上"金宝营养与健康中心"(Campbell Center for Wellness and Nutrition)。约翰森认为，公共政策与公司战略之间的联系是不可割裂的。"我们坚持的一个原则是，我们从不开发未明晰营养战略的产品"，他阐释道。

换句话说，正义之举能够与赚取利润形成完美的结合。嘉宝以及全球各个行业的每家公司，都必须做出努力影响政策的制定，否则就要屈服于激进监管部门施予的日益增加的压力与限制。的确，迫使食品公司出力抗击肥胖问题的全球行动也许正在启动。2005 年，一项研究表明，欧洲儿童的肥胖问题出现了惊人的增长,随后欧盟委员会向食品行业提出警告,要求他们自愿停止向儿童宣传垃圾食品的行为,否则将通过立法来禁止。欧盟委员会还施加压力,推行清楚说明营养的标签。英国政府则正在考虑,给所有会引发儿童肥胖的商品贴上警示标识。

基于参与的政治议程

毫无疑问,企业一直在试图影响公共政策。不过,在当今全球化的大背景之下,这场游戏的筹码及复杂程度都在加大。连那些经营国际业务的小型企业也有可能受制于所涉国家新出现的挑战和监管规定。企业试图为影响公共政策付诸行动(包括从政治赞助到真正塑形议程),并不仅仅因为他们想要获得特殊待遇。实际上,这是一种在频繁信息流动的环境下,消费者行动主义和政治压力造成的结果。批评言论往往有很多来源,通常与权力网络相关。它们对政策和政府官员的影响是深远的。2006 年初,一项针对在瑞士召开的达沃斯世界经济论坛与会者的调查显示,63%的受访 CEO 认为,政府官员对公众言论的压力太过敏感。

在美国,各州政府正在承担更多企业监管的责任,特别是由于共和党执政下的联邦政府反对政府的大多数监管行为。2005 年 5 月,康涅狄格州议会投票决定有关禁止公共学校的餐厅和自动贩售机出售含糖软饮料和其他垃圾食品的规定。如果规定获得通过,它将成为全美最严厉的一条禁令。然而,在美国饮料协会(American Beverage Association)和其他组织的努力游说下,康涅狄格州州长约迪·瑞尔(M. Jodi Rell)否决了这项规定。当时康涅狄格研究分析中心(Connecticut Center for Research and Analysis)所做的一项全州调查显示,70%的民众支持禁止在学校中售卖此类饮料。迫于公众情绪压力,美国饮料协会在百事公司和可口可乐的支持下,自愿发起行动,在美国小学抵制除水和纯果汁之外的一切饮料,在中学抵制所有高热量软饮料。近日,一个利益集团在马萨诸塞州对维亚康姆公司和家乐氏提起诉讼,要求这两家公司停止向低龄儿童推销垃圾食品。他们反对的是家乐氏获得维亚康姆公司旗下的尼克国际儿童频道(Nickelodeon)中海绵宝宝卡通形象的授权,开发气泡莓果馅饼。

同时,在华盛顿,至少有一位立法委员瞄准了食品公司每年向儿童市场投入的高达 100 亿美元的巨额资金。代表爱荷华州的议员汤姆·哈尔金宣布,若食品行业继续放纵自己,不收敛此类行为,他将推动立法以加强联邦监管。"每日的垃圾食品广告使得父母对自己孩子的饮食选择遭到破坏",哈尔金说,"尽管父母希望孩子吃得健康,但他们总是失败,因为卡通片里的超级英雄怂恿孩子们去吃快餐和含糖零食。儿童肥胖症的蔓延亟待解决,我们现在要付诸行动"。

哈尔金是民主党人士,目前的议会由共和党执掌,这似乎能舒缓一下某些食品公司高管的神经。然而,哈尔金的宣战所代表的深刻意义是:来自公共政策的一个警钟。一项立法即便没有通过,仍能显示出公众情绪正在慢慢激化,很快就可能为某些公司的噩梦。显而易见,这个问题需要密切的关注、主动的参与以及积极的对话。随着激进主义的增长,又鉴于美国人偏好诉讼的社会背景,企业比以往任何时候都更可能由于外界的质疑而走上法庭。

这些诉讼会成为社会行动和政治行动的导火索。麦当劳就是其中的一个例子。麦当劳由于自己产品的健康问题官司缠身,其中著名的一场诉讼是指控其误导儿童理解食品营养。在佩尔曼-麦当劳(Pelman vs. McDonald)一案中,两个青少年代表指控麦当劳通过广告欺诈,在广告中宣称其产品富含营养,是健康生活的首选。两位原告还声称,麦当劳的每家连锁店都不提供营养信息。此案最初被地方法院否决,法院裁定原告未能证明麦当劳的产品造成了"消费者常识之外"的威胁。然而,2005年,一家联邦上诉法庭对此案重新开庭审理,由此引发一些观察家思考食品企业是否会受到类似烟草公司遭遇的大量诉讼。

其他公司仿佛对不祥之兆有所觉察。卡夫食品公司宣布停止针对儿童的营销宣传,继而在 2005 年 1 月推出一系列展示认真讨论儿童营养问题的广告。然而,卡夫的这两项决议都颇有临时抱佛脚之意,就长远而言对公司无太多益处。各利益相关方都能分清楚哪些行动是被动的、不情愿的,是对威胁的妥协,哪些则是充满了热忱,提早分担了公共的忧虑。如果在公共政策变化的初始就主动参与社会事务,企业就能赢得更多信任,以及更多能在今后派上用场的政治资本。研究证明,通过明确表明自己的立场,以示与竞争者的区别,企业能够拥有更多机会得到客户的信任,并在政治中为自身谋利益。最佳的方法是抓住刚刚浮出水面的机遇,然后促进一场富有意义的公共讨论。世界的规则已经改变,企业必须挺身而出才能塑形对话。如果公众或其他关键利益相关方突然开始关心公司商业行为或产品的不利方面,那么公司最明智的做法就是自己也关注这些问题。发布一份强有力的公开声明,或者更好地,发起积极的行动来解决潜藏的社会问题,对于建立信任而言具有重大意义。公司提供的解决方案越具有突破性,公司就能从人们手中获得越多的余地——人们原本认为只有通过立法、监管或诉讼手段才能解决目前的危机。

先见之明,掌控变化

在迎战肥胖症的过程中,可口可乐与百事可乐的经历说明,有些即时行动能够避免惊动政府,而有些则会让政府加快介入。在各个学校的理事会和市政府关注可口可乐提供给孩子们的食品和饮料的时候,可口可乐起初无视消费者的呼声,并没有改变自己在学校的营销模式。于是,全美多所学校开始禁止校内的自动贩售机出售可口可乐的产品。面对强烈的抗议,百事的应对方式是主动寻求解决方案。百事将校园自动贩售机出售的每包百事产品含量减少,从而将热量减半。百事还停止面向儿童的营销宣传,同意不再以儿童广告形式推销包括某些零食在内的多数产品。

百事可乐公司 CEO 史蒂夫·雷尼蒙德（Steven Reinemund）还领导公司开发出名为"聪明点"（Smart Spot）的新食品系列。这个系列的食品采用的标识系统由一个由健康专家组成的独立咨询团队进行开发，能帮助消费者轻松辨别健康食品。"聪明点"标识可以在百事公司的约一百种产品上见到，包括纯果乐（Tropicana）果汁、佳得乐饮料（Gatorade）、百事薯片（Baked Lays）、桂格燕麦片（Quaker Oatmeal）、百事轻怡（Diet Pepsi）。"聪明点"的标准包括对饱和脂肪、反式脂肪、胆固醇、钠和添加糖的含量限制。它还用于标识减量使用这些原料的产品，以及拥有独特健康或保健配方的产品。

"我们力求北美地区销售额的一半以上来自'聪明点'系列"，雷尼蒙德说，"我们也努力促使这个新产品系列抓住全球市场的机遇"。

百事"聪明点"产品的销售额增长速度是非"聪明点"产品的两倍多，成为百事在北美市场增长最快的产品组合，这有力证明了企业公民行为与商业增长是相互联系的。2006 年初，雷尼蒙德宣布，百事公司每年都会将其零食广告预算的 1/2 用于推广健康产品，比过去的预算增加了50％以上。

通过"聪明点"以及重视低盐、低糖、低脂产品的战略，百事回应了公众及政府的情绪。得益于迅捷的行动，百事从主要竞争对手可口可乐手里抢占到了市场份额。1996—2004 年，百事公司的产品多元化，进入健康零食、饮用水和果汁领域。那时可口可乐的重点仍放在碳酸饮料上。这几年，百事公司的利润增长 110％以上，而可口可乐利润增长只有 38％。2006 年初，可口可乐开始在全国各地的报纸上打出整版广告："您的需求已经改变。您的口味已经改变。可口可乐公司与您一同改变。"可口可乐公司承诺，"我们的产品满足您的需求"，"有益身体健康"，"确保您的营养选择具有知情权"，以及"聆听您对我们广告的意见"。

雷尼蒙德将百事公司近年来的财务佳绩直接归功于对健康保健的

追求。介绍完"聪明点"之后,他说:"谈到健康与保健,政治家总认为我们会进行防御,但事实上我们不会。建立新的品牌和市场是一个巨大的商机。"

无需天才的智慧

各行各业的企业都应该密切关注公共政策的讨论。因为那些在市政厅、国会,甚至在办公室中讨论的内容,迟早会对你的公司造成重要的影响。

当前的能源危机引发的热点问题不仅涉及飙升的油价,更重要的,集中在美国对进口石油的依赖上。然而,只有一家汽车制造商通过切实的行动抓住契机,树立了"领先环保汽车制造商"的形象。通过开发一系列颇具吸引力的节能混合动力汽车,丰田汽车公司成了赢家。

不需要天才的智慧,人们就能预见油价一路飙升的现实和西方国家对石油进口的依赖将在不远的将来成为重要的政治问题。然而,作出具体改变,抓住机遇,却不是一般的企业能够做到的。2005 年,丰田在全球销售了 15 万台混合动力汽车,2006 年的目标是销售 40 万台,包括新推出的雷克萨斯 LS、丰田凯美瑞以及畅销的普锐斯。位于密歇根的收集和分析汽车行业数据的波尔卡咨询公司(R. L. Polk & Co.)预计,到 2015 年,混合动力汽车将占据美国汽车市场 35% 的份额。

当然,丰田不是唯一一个致力于混合动力汽车的制造商。本田汽车公司也进入了混合动力汽车市场,并取得了不俗的成绩。本田制造的思域、雅阁、英赛特(Insight)系列车型目前占据了混合动力汽车市场的 30%。福特公司也力图分一杯羹,推出了首款混合动力运动型多功能车——福特翼虎(Ford Escape)。福特还推出了第一款美国制造的混合动力汽车,将混合动力技术首次带入美国国内的汽车生产工艺。但是,大多数美国汽车公司都是后知后觉的市场追随者,而不是领跑者。消费者、政府官员和媒体,一股脑儿地涌向市场的赢家。作为最早采用混合动力技术的公司,丰田为自己创造了夺取先机的优势,赢得了一个"领先环保汽车制造商的光环",《金融时报》记者约翰·格里菲斯(John Griffiths)如是说。

在推出普锐斯的数年前,丰田就预见到,随着地缘政治环境的变化,世界石油供应会受到威胁,油价的持续增长会迫使消费者和政府考虑节能。丰田的领导层认为,一个富有社会意识的消费者群体将会成为普锐斯得天独厚的市场。同时,基于在日本和其他国家的高油价市场的经验,他们也明白,很多消费者即便没有强烈的环保意识也会考虑购买混合动力汽车。因此,丰田在普锐斯身上押了大赌注,用强大的营销支撑它的面世。

通过混合动力汽车,丰田巩固了自己在美国作为汽车制造巨头的地位。丰田利用自己的影响力获得了巨大的竞争优势。当位于密歇根州的美国老牌汽车制造商通用汽车关闭工厂,将工作岗位外包到国外时,丰田在美国建立起两家新工厂。这种显赫的成就吸引了债台高筑的密歇根州政府的注意力。难怪密歇根州州长杰尼弗·格雷厄姆(Jennifer Granholm)不顾遭到选举人惩罚的危险,于2005年春批准州政府给予丰田3 900万美元的税收减免,支持其在安阿伯市(Ann Arbor)建立新的研发中心。

共和党的理念真的有效吗?

几十年来,共和党领导人一直坚信"无为而治",把减少政府干预作为他们的政治宣言,期望以此促进美国企业的繁荣。然而,企业丑闻的屡屡发生对这套理论提出了质疑,政府不得不颁布新规定,制裁虚假的财务报告,以保护公司股东的利益。的确,美国正在缓慢进入一个新时期。为了显示自己在根除企业不法行为,政府将更加频繁地推出新的监管措施。联邦、州、县级政府的官员都希望树立执法者的形象,"打击"那些新闻头条中不择手段牟利的"坏企业"。

企业逐渐意识到,面临新的监管时,在一个自己参与制定的游戏规则中,更容易朝着新方向航行。尽管麦肯锡公司的一项研究显示,公司高管基本上都认同,企业在履行对股东义务的同时,也应该为"更宽泛的公共利益"作出明显贡献,但多数高管还是将自己公司对社会事务的参与看作一种危险,而非一个机遇。他们坦率地承认,他们无力妥善处理更宽泛的社会与政治问题。

通过对重要的社会政治问题公开表明负责任的立场,嘉宝、丰田、BP集团等企业,得到了繁荣的发展。这些公司的经历证明,尽管公司声誉是一个成本中心,无法带来有形的利益,但是从盈亏角度来看,一个前瞻性公共政策战略是完全有意义的。正确参与公共事务能带来经济收益,更有利的是,还能提高公司声誉,为公司树立负责任的企业公民形象。

杰弗里·伊梅尔特(Jeffrey Immelt)毫不犹豫地承认,通用电气公司的绿色创想(Ecomagination)环保行动赢得了消费者、员工和监管者的赞赏。2005 年 5 月,伊梅尔特在乔治华盛顿大学的一次演讲中公布了绿色创想。他宣称,通用电气将加倍投资于环境友好型技术研发,包括风能、混合动力机车以及水净化技术。他还承诺,通用电气将在 2012 年前减少1%的温室气体排放量。这将是一场剧烈的转变,因为若不采取相关措施,预计公司同期温室气体排量将增加 40%。

伊梅尔特坦言,这也是通用电气从环保中赚钱的方式。资本正是在这里发挥效力。只有获得足够的资本支持,诸如太阳能和替代能源等创新技术才能加快发展。这不是依靠政府法令或者理想主义就能实现的,只是因为消费者需要它们。

"绿色创想是通用电气的一项新的具体努力,旨在开发和推动新技术,以保护和净化我们的环境、创新性提高能源效率、降低排放、减少化石燃料的使用,并增加可用性水资源的供应",伊梅尔特说,"我们相信,我们能够在改善环境的同时提高效益。我们认为环保也有经济价值"。

的确,通用电气的很多产品,比如煤炭气化涡轮机,能够帮助客户减少二氧化碳的排放。随着包括纽约州首席检察官艾略特·斯皮策(Eliot Spitzer)在内的政府诉讼律师加大了抗击污染的力度,伊梅尔特期望煤炭气化涡轮机业务为通用电气带来 10 亿美元的收入。

伊梅尔特认为,国际的监管潮流也正朝着相同的方向发展,对通用电气是有利的。伊梅尔特希望增加其他国家对通用电气抗污染产品的需求,尤其是中国和印度。他支持《京东议定书》的规定。在发布绿色创想之后,他说:"将促进全球的标准更有利于公司发展。"

通过参与公共事务建立信任

嘉宝、BP 集团、通用电气、丰田等公司,在公共社会政策讨论之前采取行动,从而获得了经济利益,同时也有机会参与讨论。当 BP 集团的高管谈到全球变暖、嘉宝公司谈到儿童营养、墨西哥水泥集团(Cemex)谈到可循环能源时,人们会予以关注。但是,很多新一代的公司高管不乐意参与影响其公司的公共政策讨论,直到公司的利益受到威胁。

赖斯大学杰西·琼斯商学院(Jesse Jones Graduate School of Business at Rice University)的企业政治活动专家道格·舒勒(Doug Schuler)认为,公共事务在很多公司都没有受到重视,"直到事情突然发生,给它们带来了打击"。"一家中等规模的美国箱包公司也许不会留意贸易政策,直到中国的箱包进入美国市场,形成竞争力",他解释说,"太多的企业把政策看作来自外界的不可抗力。它们认为它就像天气,自己所能做的只能是回应。但是,政策的制定是一种各方参与的社会性行为。即便是中小型企业,只要聪明地提出他们的问题,也能参与。企业需要意识到,它们是政策制定过程的参与者,它们能玩这个游戏"。

2004 年,星巴克总裁霍华德·舒尔茨(Howard Schultz)在第一次访问华盛顿时得到了一次教训。之前,舒尔茨一直认为星巴克是一家与众不同的公司,强调尊重自己的员工和供应商,专注于咖啡的品质,而不是拍某些政府官员的马屁。在会谈时,他更愿意谈论公司向所有员工提供的医疗保险,而不是咖啡关税、税收政策,或者其他涉及星巴克经营和利润的问题。立法委员们对这种"软式推销"感到困惑,但舒尔茨很快就意识到,直接参与影响公司利益的公共政策讨论是有好处的。

当国会开始锻造 2004 年税收法的时候,星巴克自身被推到了一个危险的境地,因为公司将失去烘焙和包装环保咖啡豆的税收减免,这意味着几百万美元的损失。星巴克刚刚在华盛顿建立了游说部门,政府事务主管克里斯·恩斯科夫(Kris Engskov)为维持现状实施了辩护。深入的讨论再加上一些手腕,导致了在法令通过之前"星巴克豁免"的达成,公司的税收减免得以保全。现在,星巴克再也不会为争取有利自身的政策而感到内疚,例如在中国的品牌保护和海外的低关税优惠。

将挑战化为机遇

这个世界潜藏着许多能够破坏企业名誉的危险,因此,赢得政府和消费者的信任对任何公司的成功都是必需的。寻找提高信任的方法,影响公共政策的制定,这些事情不能只让公司的公共事务部门或者说客来负责。所有企业的领导者必须承担起个人责任,确保及时发现立法、监管、诉讼和公共活动方面的动向,并采取相应行动。

显而易见,领导者应该密切关注公司所在或计划进入的每一个国家、州和地方的公共政策和监管政策变化。很多高管认为,公司的公共事务或者游说工作只是成本中心,可以把这种职责委托给行业协会或者游说公司去完成。然而,事实并非如此。公共事务的参与需要成为公司战略的一部分,需要高级管理层的投入。即使是中等规模的公司,也能够通过安排一两名人员负责监测公共政策环境而受益。当星巴克的减税由于 2004 年税收法草案而受到威胁时,公司行动方案的第一步,是认识到改变正在发生。接下来,星巴克从各烘焙工厂所在州的议员那里获得支持。

一项新公共政策中的几行字就能对一家公司的命运产生深远影响,而这几行字也会因为一两个政治家而改变。

　　跨国企业美国嘉吉公司拥有多元化的业务。它意识到政府行动对公司有着潜在的价值或危险,因而建立起一套系统测量自己在公共政策方面的投入带来的实际效益。"我们使用的平衡计分卡包含了很多针对公共事务领域的测量方法,"嘉吉公司运营兼国际事务部总监范·尤特(Van Yeutter)说。他承认,这套系统很难对公共事务投入所产出的许多重要结果进行量化,比如预防政府干预等,但他相信为这套系统所进行的努力是值得的。"该系统使得嘉吉能够与政府就想法、解决方案进行对话,甚至能让我们的讨论超越立即影响嘉吉切身利益的话题",他说,"我认为这些对话为我们赢得了外界的信任,世界各国政府都对此表示赞赏"。实际上,有鉴于对结果的量化显然有助于对投入的评判,尤特惊讶于为什么许多公司没有像嘉吉这样使用平衡计分卡。

　　"我认为,公司越是将公共事务看作成本中心,就越不愿参与公共政策的制定",舒勒教授指出。他赞赏嘉吉公司对建立政治关系的价值进行量化的做法,"如果没有这些量化,就很难了解回报"。

　　抢先一步也具有重要意义,对于无法靠自身的力量影响政策制定的小型公司更是如此。通过细致观测环境,你能预见政府何时会做出将影响自己公司的改变。接受必然的改变,及时提出解决方案顺应政策,将节省成本,避免长期的头痛,尤其是那些解决方案超过合规最低要求的时候。

　　公司应该努力达到甚至超过国际标准,与最苛刻的市场要求保持一致,不论这些标准是政府法定的,还是客户要求的。如果这样,你的公司能够畅通无阻地进入任何市场,并且,即使身处最苛刻的市场,你的公司也能保持良好声誉。很多向世界各国客户销售精密设备的大型企业对此有很深的体会。空中客车与波音公司都使用通用电气生产的低噪声发动机,以达到甚至超过欧盟设立的噪声限制标准。这两家公司的飞机在世界任何地区使用都不会违反当地的噪声限制规定。

采取行业内与众不同的行动也能给公司带来好处。水泥制造业向来不与"清洁"两字沾边,但一家来自墨西哥的全球水泥公司从 1991 年就默默努力,寻求可替代能源。墨西哥水泥集团最初的目标只是为了降低能源成本,因为当时的能源成本约占其总成本的 40%。公司早期的项目涉及轮胎与溶剂的清洁燃烧,这两种燃料一向有害环境,却能作为一种能源来利用。"我们不仅得到了廉价的燃料,需要处理这些燃料的公司还付给我们钱,"墨西哥水泥集团公司发展高级副总裁阿曼多·加西亚(Armando Garcia)说。这是一种很棒的商业模式——从解决污染中赚钱。不过,墨西哥水泥集团说服墨西哥政府投资一家石油焦炭(一种炼油厂的废物产品,也叫石油焦)发电厂,这才算是发现了真正的财富。现在这家发电厂为墨西哥水泥集团的国内运营供应 60% 之多的电力。在能源方面,发电厂每年能为墨西哥水泥集团节省 1.2 亿美元的成本,并能够在运行过程中处理环境污染物。

自声誉改头换面以来,墨西哥水泥集团每年保持着 10% 的发展速度。"在 20 世纪 80 年代,我意识到公司只是达到国家的有关法律规定是远远不够的",加西亚说,"我们的成本是可以管理的,这使我们跑在了前面"。2012年,墨西哥水泥集团被世界环境中心(World Environmental Center)授予全球企业环境成就金奖(Gold Medal for International Corporate Environmental Achievement),被称为"拉丁美洲和世界的典范"。

公平的赛场

在很大程度上,公司领导者预见和应对客户需求及社会政治现实的能力,会影响利益相关方对公司的口碑和信任。不过,只有公司真正致力于赢得关键影响人物的信任,使自己能够被倾听和相信,公司才能参与公共讨论,将危险化作机遇。

有些公司自认规模小、力量弱,不足以对华盛顿或者其他国家的公共政策施加影响。在 2006 年的达沃斯世界经济论坛上所做的一项调查显示,受访 CEO 认为,政府官员只会对实力强于自己的人群施加的压力做出回应。但是,你不应该就此放弃。通过与公司所在地区的官员合作,你也能产生一定的影响力。

你完全不需要花大价钱进行政治赞助或者聘用说客。当选的政府官员和监管官员都关注自己的选举人和专业人士。与他们建立关系,展示自己如何维护相关方的利益,是取得支持的关键。你的经验能够对公共讨论施加重要影响。要捕捉那些看似不能为自身谋利但实际上与公司的目标相符的社会变动。不要等到公共社会真正出现变动时,自己还没有准备好应对方式。

"不论何时,一家企业的市场战略都不可能脱离公共事务及企业政治战略",威克森林大学管理学教授迈克尔·罗德说,"但是,很多高管往往被动应对公共政策问题,或者说来自民间的忧虑。他们将公共政策问题看作一种周期性危害,而不是整体性思考公司长期战略的机会。很多企业不能保持警觉和参与,及早地、积极地促使公共政策朝自己有利的方向改变,而是在警钟敲响之后,才震惊地消极应对,但这时的政治形势已经不可逆转,不利的环境已经铸就"。如果你能像嘉宝和其他公司那样在政治领域建立信任,就能有效避开麻烦的监管和激烈的竞争。

本章小结

1. 战略性参与政治讨论,与影响公司发展的决策者和选举人保持经常性对话。

2. 在公司内部建立公共事务部门,直接由高层管理者负责。不要将关注时事和联系政治人物的工作交予公司的下层部门。

3. 大胆使用公司的政策平台。不要怯于支持那些与公司目前业务无关,但能代表公众情绪、市场变化以及你自己的价值观的政策。

4. 提早行动。早期参与能够使你塑形政策，在新的监管政策中平稳行驶。

5. 不要低估自己的能力。无论公司大小，你都能影响公共政策。所有热衷于合理化社会问题的公司都能显著影响公共讨论和社会舆论。

6. 不要忽略地域性问题。在当今全球化的背景下，小型市场的社会政治挑战能够迅速燎原，遍及世界。要保持公司的灵活度，就要密切关注所有的相关问题和竞争者的行动。

第九章　追求绩效时不忘尊重文化

人活着总要有一份持久的信念。

——弗兰茨·卡夫卡(Franz Kafka)

我们既要做具有竞争力的市场领导者,也要做仁慈大方的雇主。此外,我们还必须保持星巴克的传统。这中间存在一定的冲突。

——霍华德·舒尔茨,星巴克公司董事长

人们相当关注持续的变革,将它视为在国际化环境中推动绩效的关键要素。但任何类型的变革都会让员工烦躁不安,甚至从内心深处感到威胁。波士顿大学的企业责任中心曾在 2005 年针对多起并购进行调查。调查发现,近半数的合并案都导致了文化冲突,有些甚至后果极其严重。"通常情况下,大公司会对比自己规模小的公司说,'你们完全可以自行管理——但我们要削减成本,审核你们的市场营销计划,人事方面的决策也要得到我们的审批'",该调查的作者之一菲利普·莫维斯(Phillip H. Mirvis)说,"结果,被并购组织只剩下了一个空架子"。公司的价值观和人们习惯的工作方式因此动摇。

除波士顿大学的研究之外,有越来越多的证据证明,若高管对文化的重视不够,公司就注定会失败。文化不能是凭空想象,也不会轻易被改变。但如果你根据经验对文化的强项小心分析,谨慎合理地加以利用,就能培养出信任感,让你能够实施变革,并打造出更敏捷和更灵活的公司。

根据我的经验,鲜有领导者在变革时会对公司的文化予以足够的尊重和培养,不管他们是被公司引入以实施公司转型的空降兵,还是早就融入公司文化的公司成员。事实上,不管是外来者还是内部人员,在他们实施计划带领公司向新方向迈进时,通常都会惊讶于员工对变革的强烈抵触或极度漠然。他们本不应该如此。离开舒适的现状会遭遇人们的奋力抵抗,即使是相关的改变预计能长远驱动公司利益。就算公司有一位坚定的领导人,已经很好地向员工传达了公司选择新发展道路的必要性,他仍然可能遇到大量的阻力。如果一个组织拥有辉煌的历史,过往盈利颇佳,但今非昔比,这种情况更加严重。

若要讨论在知名企业内推行变革有多么的困难,也许近年最著名的例子就是前惠普公司 CEO 卡莉·菲奥里纳的遭遇。由于失去了董事会的信任,她在 2005 年被开除。在员工们看来,这种结局似乎是菲奥里纳自找的,因为她没能对"惠普方法"给予足够的尊重。客观上,"惠普方法"是否能够有效推动公司未来发展,答案并不重要。事实上,在改变经营实践的同时,公司的文化也必须得到改变。但菲奥里纳并没有关注这个方面,因此她的结局是注定的。与改变经营实践相比,改变文化的难度事实上更大。正因为如此,为了推动新商业模式,优秀的领导人会尽力以历史作为出发的基点。人们在支持变革之前需要在新战略中看到某些熟悉的东西。

要想取得成功,管理层必须争取到公司员工的信任,尤其在公司变革之时。员工至少要看到他们的一些传统得到保留,才会支持新的方向和价值观。1996 年,丹尼尔·瓦萨拉(Daniel Vasalla)将山德士公司(Sandoz)和汽巴-嘉基公司合并,成立诺华公司(Novartis)。他深知,未来的成功取决于成立一家全新的公司,拥有一个新身份和新名称。但是,他也强调诺华公司会集两家公司之长,就像孩子吸收父母的优点那样。

尊重部分原来的工作方式,有助于确保大家真正团结在新战略和新业务重点周围,这是推动公司发展的必要条件。当然,除了惠普公司的卡莉·菲奥里纳之外,还有许多其他的例子。摩托罗拉就是其中之一。在埃德·桑德尔于 2004 年 1 月就任该公司 CEO 时,公司正迫切需要大刀阔斧的改革。公司一直落后于竞争对手诺基亚和三星电子,以对外界漠不关心而闻名,甚至被认为是在昏昏欲睡。人们希望桑德尔能够换掉原有的管理队伍,推动公司创造辉煌业绩。桑德尔说:"我听到有人说,你进入公司后必须将整个队伍全部解散,重新组建自己的管理团队。"但让观察家们感到惊奇的是,他的步伐缓慢。他与员工和客户频繁会面,与他们谈话,深入探究公司的文化。此后,他才开始带领公司向新方向发展,挖掘和发挥现有管理层和普通员工的潜力。他解释说:"这是一家有着 75年历史的公司,有它自己的文化,在四处扫射之前,也许可以从中发现部分珍宝。"

全世界有许多文献都指出,在公司文化、员工满意度和财务绩效之间存在强正相关。只要充分利用公司文化的力量,企业领导人就能够在推行变革时赢得员工的信任和支持。只要能够得到员工的支持,他们就可以更为轻松地推动绩效的其他组成部分。

领导人要做到在快速发展的同时保护文化根基。在这个过程中,领导人所面对的挑战性趋势包括全球化,把僵化的公司改造成绩效推动型,力图消化被并购公司(或抗拒被消化),寻求提高利润的神奇方法。要想获得成功,应对所有这些挑战,领导力、团结和文化力量都不可或缺。

星巴克的文化全球化

1971 年,星巴克在西雅图五彩缤纷的派克市场(Pike Place Market)开设了自己的第一家零售门店。该市场是美国持续运营的最古老农贸市场,目前每年有 900 多万游客前往该地,怀着敬畏参观那里数公里长的农产品,看着鱼贩们将鲜鱼在头顶上扔来扔去。但是,星巴克最初并不提供杯装咖啡,只是销售由公司附近的咖啡烘焙房加工的咖啡豆。1982 年,时任市场营销总监的霍华德·舒尔茨前往意大利旅行。在品尝意大利浓咖啡时,有个想法突然冒出来,为什么不在自己的店里提供优质的杯装咖啡呢?他没法说服星巴克的业主接受自己的想法,于是离开了公司,在西雅图的市中心开设了一家名为 Il Giornale 的意式咖啡馆,对自己的想法加以尝试。5 年后,他收购星巴克,并且担任公司董事长,为星巴克之后发展成为全球巨头奠定了基础。星巴克以优质咖啡饮料、友好机智的员工而闻名,公司所营造的文化广受大量中等收入的工人欢迎。

"我们很早就意识到,星巴克的品牌价值将是顾客在我们的店内得到的零售体验",舒尔茨说,"我们没有花钱去进行传统的广告宣传,因为即使做这样的广告,我认为也不会有什么效果。我们把钱投在与员工建立一种独特的关系上,让他们理解,如果公司的战斗宣言是'超远顾客的期望',那么作为经理人的我们首先会超越员工的期望"。

在星巴克的世界里,员工被称为"合伙人"。为了吸引最优秀的申请人,并且让他们感到快乐,公司为所有每周工作时间达到或超过 20 个小时的员工提供一个福利包,里面包括健康保险、股票期权和一份带配套资金的 401(k)养老金计划。舒尔茨称这些福利是"我们商业模式的关键组成部分"。维拉诺瓦大学(Villanova University)的战略管理和企业精神教授约翰·彭斯(John Pence)对此表示赞同。他将星巴克在全球市场的成功归结于该公司从文化角度理解了公司成功的原因。他指出,星巴克在全球慷慨的福利政策(包括每周一磅的免费咖啡豆)激励了"合伙人"对顾客热情有加。事实上,星巴克在健康保险上的支出要大于在咖啡豆上的支出。此外,公司采用了便利食品行业闻所未闻的培训方式。一批批的"合伙人"来到西雅图参加为期 8 周的密集培训,接受星巴克的理念。

利用信任的力量来建设公司的关键就在于,企业领导人必须给员工一个理由——最好是多个理由——来接受和支持公司的目的。员工由此得到授权和激励,与顾客建立良好的关系。联系到顾客的行动,如创新、成本控制、生产零缺陷,并不会持续出现,除非它们被融入公司的文化架构。

星巴克正是依靠其全球的"合伙人"来推动自己雄心勃勃的扩张计划。其目标是加大在欧洲和亚洲市场的发展,争取让全球多数人口能够享受到星巴克的服务,尤其以亚洲市场为重,在亚洲则以中国市场为重。星巴克"合伙人"与顾客之间的特殊关系让顾客能享受到更多的体验,其中包括音乐和电影等娱乐服务,从而推动了公司营业额的增加。在星巴克体验的核心商业模式之上,舒尔茨在店内增加了 CD 销售,收购了音乐零售商悦耳音乐(Hear Music),并且在 XM 卫星广播增加了 24 小时的音乐频道。

星巴克对员工的信任得到了回报,公司的年员工流失率比行业平均水平要低 50%。相比之下,多数快餐连锁店的员工流失率高达 200%。星巴克由此节约了大量的培训和招聘成本。公司内部调查显示,87% 的员工称他们对工作"满意"或"非常满意"。通过为顾客提供专业且热诚周到的服务,他们传递了自己的这种感觉。

星巴克发现在美国和海外仍然有大量的发展机会,因此显然希望能进一步充分利用自己独特的文化。即使已经取得如此巨大的成功,星巴克在北美的咖啡消费市场所占份额仍然少于 10%。为了继续强化星巴克的品牌,公司正在努力扩充星巴克体验,并且提出了新的口号"星巴克效应"。"星巴克效应"指星巴克对全球"合伙人"、顾客和社区的影响。"星巴克效应体现了星巴克文化的精髓",舒尔茨说,"我们注重公司的成功和公司门店运营所在社区的活力与力量之间的关系。所有的一切都从一杯咖啡开始"。

强调星巴克效应并不是为了偏离咖啡业务的正轨,而是为了强化品牌提供"人际交往"的可能性,从而增加股东价值,开辟一条潜在发展道路。一个问题是:星巴克是否能够在海外争取最大发展的同时保持其与众不同的文化?公司的目标是在海外开设至少 1.5 万家门店,其中众多门店所处地区具有强烈的文化多样性。2005 年,星巴克在中国开设了大约 50 家门店,中国的门店总数由此达到 221 家。舒尔茨本人也花费越来越多的时间待在中国,与公司直营店和加盟店的合伙人会面。2005 年,星巴克被中国中央电视台评选为十大优秀雇主。

星巴克咖啡亚太区总裁佩德罗·曼(Pedro Man)在亚洲所掌管的门店数量早已超过 1 100 家。亚洲国家的人们对咖啡了解不多,在热饮中更倾向于选择茶水。但佩德罗·曼深信,在这些国度,与顾客之间的联系是至关重要的。"那是我们与其他咖啡供应商之间的主要差异",曼说,"如果我们将知识传递给顾客,他们就会成为品牌的代言人"。

为了确保员工能够真正地传递相关知识,曼要求星巴克在亚洲的所有员工接受为期 13 周的培训,包括在咖啡"香气实验室"学习。员工会每周举行咖啡社交活动,公司还鼓励最优秀的员工通过类似于奥运会的"咖啡大师赛"来相互竞赛。曼同时致力于维护强化星巴克文化的其他因素,包括为员工提供高于行业标准的薪水和福利。

目前,通过把公司文化输送给大量新门店和新员工,星巴克在全球舞台上取得了成功。星巴克的高层笃信,全球各地的员工有着同美国工人一样的需求,即自己的工作可以得到包括金钱在内的体面回报。"我们提供这些福利并不仅仅因为我们是一家成功的公司",星巴克现任 CEO 吉姆·唐纳德(Jim Donald)说,"我们能取得成功是因为我们在给予员工"。

文化是信任的理由

至少星巴克所创文化的恢复力已经得到市场的验证,尤其是在飞速增长和竞争加剧的情况下。这种文化似乎是可以输出的,因为公司在中国得到进一步扩张,同时在日本、韩国和欧洲得到了发展。事实证明,这是一条成功的战略,所以公司领导人一直在坚持不懈地强化和挖掘组织文化的本质。

星巴克正在全球以极快的速度发展,每天新开设约 5 家门店。在这个过程中,公司也在测试一个观点,即公司既能够坚持一种关心员工、顾客和经营所在地社区的企业文化，又能在经济上获得成功。许多公司则是反其道行之，通过削减成本和外包来榨取利润。为员工提供健康保险和其他福利，在门店内提供无线网络接入和舒适的环境及设施，以及向第三世界咖啡种植者支付高于市场标准的价格，当公司迫切需要改善利润时，以上这些方面都可以被舍弃。但舒尔茨始终坚持公司的经营方式。

"我们既要做具有竞争力的市场领导者，也要做仁慈大方的雇主"，舒尔茨说。在他看来，放弃这些触及了星巴克文化的基本原则，"当中的确存在一定的冲突。我只是努力以负责任的态度来应对"。

强大的文化给了人们信任的理由。空降的领导人常常在推行剧烈变革时遭遇失败，其中一个原因就在于，他们相信只要在上层树立一个具有魅力的坚强榜样，员工就会追随这个榜样。在英雄领导人的时代，这种方式曾经被人们广泛认为是一个真理。但事实上，这还远远不够。用最高层树立榜样，为文化变革奠定基础，仅仅只是变革的第一步，是最基本的一个步骤。

尤其在知名企业，"做事的方式"中融合了过去的领导风格和被人遗忘但成为公司DNA的一些事件。如果尽可能地往前追溯公司某种特征行为，通常连资历最老的员工都不清楚为什么"觉得应该"按照某种特定的方式工作。领导人必须懂得，"旧方式"会毫无道理地继续存在，需要小心谨慎地引导它走上新的道路。因此领导人在改变文化时必须是从显而易见到隐而不见，从看得见的部分到只能加以推测的内容。

现状尚且不够

不管表面看来如何微不足道，任何文化上的变化都必须沟通。这意味着为你所希望实现的目标建立一个容易理解的榜样。如果你希望员工进行跨部门的思想交流，那么就必须考虑彻底放弃公司的层级现状。如果你想要人们接受和支持"精益生产"，就必须放弃随从或任何体现地位的标志,尽管那些可能难以舍弃。只要看到领导人浪费一分钱,员工就不会去想着节约每角钱。为了能够有效树立榜样,领导人的脑中必须非常清楚自己的文化战略,而且必须做好准备来维护该战略。尽管仔细研究所收购公司的文化显然具有一定的意义,但不管是进行何种文化改变,你都必须先清楚地制订"目标文化",这样才可能看到这种文化得到树立。

你应该勤勤恳恳地去推行变革,但不要盼着改变马上就会发生。员工必须先懂得文化变革的必要性,然后才会朝着那个方向迈出步子。你可能要付出比自己预期更多的时间和精力,但不要因此就放弃,应该坚持不懈地传达自己的信息。

变革时应该允许质疑。文化偏见只有在人们知道之后才能看清。当你领导分散在全球各地的团队,或分散在同一个国度不同地区的团队时,没有说出口的各种猜测通常会发展成为文化冲突。虚拟技术促进了此类团队的发展,以及生产效率的提高。但它也致使此类团队更难以获得成功,除非领导人帮助他们懂得彼此的差异和共性。

英国咨询顾问克里斯·斯皮奇利(Chris Speechley)的研究显示,团队成员所在各国的文化差异并不比"跨地域、专业和职能之间的组织文化差异"那么重要。斯皮奇利深信,指挥和控制体系在管理跨文化或跨职能的团队时会失效,信任和包容这两种领导素质在平息文化冲突时最有效。

同样重要的是培养文化变革的主人翁意识。在高层领导者启动变革之后,激励员工来推动变革的具体举措包括,请他们参与"变革研讨会"或评测自身的变革能力。领导人也可以采取一些相对更直接的举措,例如将薪酬或奖金直接同员工推动变革的行为和行动挂钩。如果只是培训人们"接受"新方法,从上至下迫使员工接受某种文化,领导人将发现自己的位置是摇晃的。更好的办法是给交给员工改变彼此、应对全球化竞争挑战的任务。难道文化不是每个公司建立的与利益相关者合作的方式吗?《韦氏字典》里对文化的定义是:"人类知识、信仰和行为的总和,取决于人们学习知识和将知识传给后代的能力。"用"利益相关者"来替换"后代",就得到了企业行为的理由。

立足绩效的文化变革

从文化变革入手,最终得到一家取得卓越业绩的公司,这需要一定的耐心。快速、激进的变革极少能够带来具有恢复力的文化。如果改变速度过快,公司就必须考虑到这种巨变可能导致多数预期的效果发生偏差。纵使是大规模地解雇员工,也极少能改变公司潜在的文化规范。

这个世界要求公司反应敏捷,快速改变。确保及时完成变革,不陷入关于目标和战术无休止争吵的泥沼,是一个巨大的挑战。哈佛大学理查德·查普曼工商管理学教授尼汀·诺瑞亚(Nitin Nohria)提议,建立由上至下的绩效文化,同时制定具体的目标和奖励措施。诺瑞亚多年来对 160 余家大型公司的优秀实践进行了研究,他发现,绩效最好的公司会慷慨地奖励那些达到目标的人员。事实上,在绩效最好的公司里,"如果没有达到目标,就没有奖金、期权或其他奖励。这些组织设计和支持的文化鼓励杰出的个人和团队贡献,让员工——不仅仅是经理人员——来对成功负责"。

诺瑞亚发现,在绩效最佳的公司内,及时性、质量和物流的目标同改善财务数字同等重要,而且与竞争力有着密切联系。诺瑞亚以钢铁制造商纽科公司(Nucor)作为一个成功企业的例子,来说明应该致力于立足绩效的文化。在诺瑞亚团队进行研究的那段时间(1986—1996 年),纽科公司的业绩一直超过竞争对手,但公司最高层的薪水要低于竞争对手,而且"没有雇佣合同、退休计划或年金"。他们的奖金完全取决于股东资产的年回报增长。这与当前流行的情况相差甚远。现在为了获得员工的忠诚度,尤其是年轻员工,公司不仅仅需要提供高薪水,而且还要提供工作的乐趣。诺瑞亚的研究证实,工作中的最大乐趣在于成就感。

太多太快:卡莉·菲奥里纳和惠普

最终,由于公司始终不能实现财务绩效目标,卡莉·菲奥里纳失去了自己在惠普公司的 CEO 职务。但她还存在的其他一些问题,更多与文化相关,与绩效较少相关。总而言之,她离职的原因部分与绩效相关,部分与文化相关。

沃尔特·惠勒特(Walter Hewlett)是公司最大的股东。他带头强烈反对以 187 亿美元收购康柏公司。沃尔特·惠勒特是惠普公司创始人之一比尔·惠勒特(Bill Hewlett)的后人。向比尔·惠勒特的儿子开战,象征着菲奥里纳在挑战惠普的传统。她极力向股东推销这起兼并案,称这起兼并案是必不可少的,公司由此可以成为提供全面服务的科技公司,进入打印机核心业务之外的领域,提升公司的竞争力。菲奥里纳和惠普的董事会都希望能够借此获取巨大的优势,与 IBM 和戴尔公司竞争。但在兼并案实施的时间,个人电脑基本上成为了一种普通商品。两年后,IBM把自己的个人电脑业务出售给低成本中国制造商联想集团,从而承认了这个事实。当时众多批评家将这场兼并视为是有百害而无一利,称其为"菲奥里纳的荒唐事"。

站在惠勒特家族的对立面具有象征意义。菲奥里纳并没有考虑始终推动惠普公司发展的强大、独立的文化传统。惠普公司因"两个人在车库"里创立公司而闻名,这两个人就是比尔·惠勒特和他斯坦福大学的同学戴维·帕卡德(Dave Packard)。这两位工程师在 1939 年创立该公司,最初是生产振荡器,等到公司于 1957 年上市时,产品已经扩大到种类齐全的测试和衡量设备。一路发展下来,帕卡德和惠勒特制订了一系列管理原则,也就是后来的"惠普方法"。这种文化注重尊重、合作、企业家精神、个人贡献、对顾客的热情,换言之,这是一种针对工程师的文化。菲奥里纳被邀请加入惠普是为了打破这种模式,给公司带来更具活力的市场营销思维,从而在快速变化、竞争激烈的行业取得成功。许多人认为,要在难度日益加大的市场中取得成功,惠普公司必须改变其更注重团队建设的柔性文化。

20 世纪 70 年代中期,惠普公司以其强有力的计算器业务闻名,并且开始转入商用计算机领域。也就在这段时期,公司成为美国首家推行工作场所创新的公司,例如弹性工作制。员工可以自由调整自己的上下班时间,只要每天的上班时间达到 8 个小时。这是一种有利于家庭生活的举措,在 20 世纪 80 年代帮助惠普赢得了员工极大的忠诚和信任,尤其是女性。惠普在抓住技术机遇方面是极度落后的。它一直强调渐进式变化,而市场要求一种截然不同的商业模式。

聘用菲奥里纳是为了对公司加以刺激。她立即采取举措,给惠普公司注入新的紧迫感。为了建设一个市场驱动型组织,菲奥里纳把惠普 80 个业务部门重组为 4 大关键事业部,所有的工作都围绕顾客、速度和挑战性销售目标展开。她把品牌建设和广告工作集中管理,并在 2011 年裁掉了约 7% 的员工,成为当时惠普历史上规模最大的一次裁员。对于一直坚持员工终身制思想的一家公司而言,这无疑是一次大冲击。但对于菲奥里纳之类的销售人员而言,这具有非凡的意义:如果你想拥有竞争力和提高营收,就必须树立新思维方式,向那些阻碍销售增长的"文化惰性"发起攻击。菲奥里纳最大的成就之一是,惠普争取到了一份价值 30 亿美元的 10 年期合同,为宝洁公司提供 IT 服务。惠普不仅在众多竞争对手中脱颖而出,而且战胜了 IBM,用得克萨斯州 TPI 公司的安德鲁·休瓦特(Andrew Hewat)的话来说,原因在于"他们非常专注,而且非常迫切"。TPI 公司是宝洁公司在这笔交易中的主要顾问。据称,IBM 在得知惠普公司赢得合同后震惊不已。

但是,在整个过程中,菲奥里纳忽视了惠普工程师的需求,而工程师一直都是惠普公司的重点。事实上,在众多公司内部人员看来,菲奥里纳貌似不愿意利用任何可能促使员工或董事会对她更忠诚的积极力量。例如,她打破传统,极少和员工在一起就餐或交往。尽管她对多伦多约克大学(York University)的商业学学生说"在惠普公司一切皆有可能",但在这次演讲中,她又指出惠普公司的众多员工在工作中把本末倒置。她说:"我向顾客和惠普员工再三提醒,科技本身并非最终目的,但有时技术人员会陷入技术之中无法自拔。"

但是,陷入技术之中不可自拔,或沉迷于自身公司最拿手的事情,是文化的一种,这种文化足够强大,能支持所需的其他变革。同时,这种支持可以让领导人长时间在位,完成自己的任务。

菲奥里纳在惠普公司掌权的第三年,公司的业绩继续滞后。公司屡次未完成利润目标,在兼并代理声明中的承诺也没有得到实现,尤其是有关改善利润率的承诺。

人才的离去于事无补。2004 年 8 月,在意识到又没有完成季度的利润预测后,菲奥里纳开除了 3 位销售高管,将责任归咎于他们。这件事引起了另一波风潮,人们意识到事态仍在恶化。

如果卡莉·菲奥里纳能考虑得更周全些,在努力创造更多利润的同时,根据公司文化调整自己的风格,也许她可以维持员工和董事会对自己的信心。前惠普公司 CEO 卢·普拉特(Lew Platt)当初邀请菲奥里纳接任自己的职务,因为他深信,"她将成为有力的变革推动者",正是公司改造文化、迎接新世纪所需的人选。但同董事会一样,他逐渐意识到她的战略中存在重大缺陷。多年后,普拉特说:"我们认为她本可以与惠普的文化保持更多的一致性。"

菲奥里纳的风格得到了"摇滚明星"的称号,与惠普的文化相差甚远。惠普文化的特征是办公室大门敞开、高管与员工不分尊卑,以及随意的着装。相反,菲奥里纳基本不在公司餐厅吃饭,她的差旅日程安排紧凑,员工难以有机会与她进行面对面的交谈。她力图通过市政厅的大型会议、PPT 幻灯片、摇滚音乐会、篮球运动员魔术师约翰逊(Magic Johnson)的庆祝会等,来让员工为她惊叹。她增加了公司公务飞机的数量,并因为独裁的管理风格、精心梳理的发型和时尚的服装,招致大家的批评。对一家以谦逊为荣的公司来说,在公司 1999 年年底推出的企业广告中,菲奥里纳的出镜看上去就像是自我宣传。公司最初建立局域网是为了了解员工的心声,但上面的批评和敌意太过强烈,局域网最终被迫关闭。

兼并和激烈的市场竞争所带来的压力肯定也让员工的不安情绪加

重。但是,菲奥里纳的"超级明星地位"才是毁灭她的祸根。她的高曝光度和营销驱动式风格导致人们分成支持者和死敌两派,她对"惠普方法"的观点让公司内部愤愤不平。《华尔街日报》记者迈克尔·马隆(Michael Malone)说,菲奥里纳认为"惠普方法"是"30 年前就已经作废的神秘管理天书"。

菲奥里纳的变革计划可能过于激进和迅猛。由此带来的强烈反应迫使她放慢速度,但是她对哪些可以改变、哪些不可以改变没有予以充分的注意。2004 年第三季度,惠普公司的盈利远远低于分析师的预测。最终,缺乏业绩的事实决定了菲奥里纳的命运。自菲奥里纳 1999 年 7 月份担任 CEO 以来,惠普公司的股价下滑超过 50%。这无疑是雪上加霜。

2005 年 2 月份,菲奥里纳被解职。当时众多观察家深信,菲奥里纳的解聘只是源于她未能妥善经营公司,或设计和执行良好的战略。但是,菲奥里纳被开除的根本原因,是她失去了众多员工的信任和惠普董事会的信心。罗伯特·韦曼(Robert P. Wayman)临时接替菲奥里纳,公司同时在搜寻她的继任者。韦曼承诺新任 CEO 会"适合公司文化",这句话透露出董事会的想法。

菲奥里纳的情况是一个很好的例子,充分说明当变革推动者和其希望改变的文化之间出现严重的分歧时,会出现何种情况。最初,员工们为她的突然离去感到震惊,之后公司内部的电子邮件频传,集体表示出一种解脱和叹息。据说,在菲奥里纳离职的那天,有人在公司内部扩音器上播放了《巫婆已死》(Ding Dong! The Witch Is Dead)的音乐。更能说明问题的是,在菲奥里纳被解职的新闻发布后,惠普公司的股价上涨了 6.9 个点。

马克·赫德被聘为新任 CEO,接替菲奥里纳。他和菲奥里纳形成了鲜明的对比。赫德平和谦逊,不喜欢媒体的关注。更重要的是,他希望能够带领公司重新回到正轨,让公司事务更加符合"惠普方法"。他表示自己将努力"融合简单的目标、优秀的商业实践、员工的信任和严格的自我评价,作出正确的选择"。事实上,正如下图所示,自赫德接任以来,惠普公司的股价大幅回升。

马克·赫德就任惠普公司总裁和CEO

图 9.1　惠普公司三年来股票收益率

慢慢来,充分发挥优势

菲奥里纳可能没有做错任何事。事实上,她在努力按照董事会对自己的要求去做:将一家注重工程设计的笨重公司转变成为注重市场的敏捷企业。事实上,她试图通过兼并来快速完成任务,但这只是让问题更严重。任何试图改变文化的企业高管都会遇到这样的问题。通过对大型欧洲企业为期 4 年的研究,英国作家、前麦肯锡公司顾问乔治·宾尼(George Binney)发现,转变企业文化的难度远远超出多数领导人的预期,更重要的是也超出了多数董事会的预期。"我们发现,领导人无法按照自己所希望的方式来改变企业环境、组织文化、员工、团体动力",他写道,"在研究对象中,除了一位领导人之外,所有人都打算进行一场彻底的变革——商业转型、根本性改变文化,或者建立一家新企业。他们努力迫使自己的组织屈服,但他们的组织却反咬一口"。

宾尼接着指出,他研究的这些领导人并没有被视为失败者,也没有因为未实现计划而被赶下位。相反,他们一小步一小步地改善自己的环境,团结整个组织力争实现统一的目标。"我们在研究中发现,正是领导人和团队所建立的关系质量决定了最终的结果",他总结说,"人是在为人工作,不是为了愿景、战略或目标而工作。当他们感觉自己与领导人之间存在联系,领导人也有此类感觉时,他们就会展现自己最优秀的一面"。

在惠普的案例中,新任 CEO 马克·赫德努力利用公司文化中注重工程设计的优点,同时对财务进行严格的控制。他认为领导人不可能"激励"文化变革。"我认为,不能只给人们一个流程",他说,"你还必须给他们清楚的目标,告诉他们'我希望你做这个;我希望你实现自己的承诺'"。

惠普人集体为"惠普方法"感到自豪,这种自豪感曾经推动了公司的创新。赫德似乎也意识到利用这种集体自豪感的重要性。在掌权后不久,他承诺"竭尽全力"坚持惠勒特和帕卡德对创新的不懈追寻。

但赫德知道,惠普公司不能仅仅回到过去。他深信财务衡量指标至少与文化同等重要,但两者之间没有哪一方可以压倒另一方。在他撰写的书籍《价值因素》(*The Value Factor*)中,赫德写道:"要想在当今信息驱动型市场环境中进行有效的管理,高管必须树立合适的企业文化,在培养创造力和变革管理能力的同时,不失去对核心运营的控制。"这听起来与"惠普方法"非常匹配,可以更好地帮助公司恢复平静。

公司收购后的文化整合

初涉职场的年轻人很快就能学到,他们应该关注一些线索,以了解自己是否合适正在应试的这家公司。同样的道理,领导人也必须关注他们正在接手的文化。如果变化太大,文化就会反击。只有在变革的同时充分利用文化,才有可能将公司重新打造成更强大的组织。

2001 年联合利华对本杰瑞(Ben & Jerry's)冰激凌公司的收购就是

一个很好的例子。联合利华本可以迫使这家小冰激凌公司听从自己的命令,因为本杰瑞公司只有 520 名员工,与联合利华 23 万人的庞大员工队伍相比,根本不值得一提。但是,联合利华的董事长安东尼·伯格曼斯(Antony Burgmans)聪明地保留了成就该公司的东西:一个以创意革新、人本主义而闻名的品牌,在思考冰激凌的销售和风味时采用的一种诙谐和不敬方式。联合利华老兵伊微斯·寇艾特(Yves Couette)成为本杰瑞的新任 CEO。伯格曼斯和寇艾特共同决定,只对需要改善的地方施以行动,甚至只改善本杰瑞公司的员工想改善的地方。内部调查显示,本杰瑞公司员工中只有 29% 的人认为业务经营良好,只有半数人认为他们的老板善于规划未来。至于其他方面,他们希望一切照旧。

为了表示自己对本杰瑞公司文化的支持,寇艾特放弃了一贯的西装革履,同员工一样着休闲装上班。因为内部调查显示,对本杰瑞公司的多数员工而言,积极履行公司的社会使命非常重要,所以寇艾特参与公司所支持的社区活动。但是,寇艾特最重要的决策可能是鼓励本杰瑞公司的员工自行决定使用哪些联合利华的项目来改善本杰瑞公司的绩效。来自市场营销、财务、人力资源和公共关系等领域的领导者组成了一个非正式小组,以模仿本杰瑞公司走廊会议的传统。在全公司范围内还组织了一场命名竞赛,最后得出了新委员会的名称:使命管理人,简称为 Mom。

除了以上种种举措,联合利华还采取了其他保留或改善本杰瑞现有文化的行动,由此保留了该公司古怪文化中具有价值的那一部分。这也让本杰瑞的员工能够保留对他们中多数人而言非常重要的社会价值。联合利华的文化敏感度帮助本杰瑞更好地获得了发展。2001—2004 年,本杰瑞公司的全球销售额上涨 37%,营业利润率增长 300%,并且扩张进入了 13 个国家。

戴姆勒-奔驰公司是另一个例子。作为收购方,戴姆勒-奔驰最终意识到有必要让美国的克莱斯勒公司发挥自身的优势。在克莱斯勒公司,这些优势曾经花了一代人的时间来加以建设。克莱斯勒公司于 1925 年由沃特·珀西·克莱斯勒(Walter Percy Chrysler)创立,形成的是一种要求员工听从指令的氛围。工程师和管理者几乎就是上帝；他们的话语就是法律。遗憾的是，由于顾客对克莱斯勒汽车的质量日益不满，公司的销售额不断下滑。

在与戴姆勒-奔驰公司合并之前的数年里，克莱斯勒努力改善质量。公司重新培训生产线工人，要求他们对任何可能影响安全、生产力或质量的事情提出质疑，即使停掉整条生产线也要解决问题。员工有史以来第一次可以与高层管理者和工程师接触，以协助解决问题。员工开始明白，他们的观点能得到重视。

在并购结束后，主要由德国人组成的戴姆勒高管队伍惊讶地发现，克莱斯勒的员工热衷于质疑管理层的判断，这是一种不被戴姆勒文化重视的方法。戴姆勒公司聪明地决定，允许克莱斯勒的新文化自由发展，并引入新的体系来充分利用该文化。例如，克莱斯勒的新精益生产活动鼓励所有员工精简工作流程。这项活动正在推广到各个工厂和机构。

当然，在一些并购案中，双方花费多年时间努力融合两种截然不同的文化。索尼公司董事长出井伸之根据自身公司在收购米高梅-联美娱乐公司（MGM/United Artists）时的经验，建议在遇到这种挑战时要有耐心。他说："在收购了不同文化（的电影厂）之后，我们花了近10年的时间才能让双方开始积极的对话。"

在2000年协调轰动一时的时代华纳和美国在线并购时，史蒂夫·凯斯（Steve Case）和杰拉尔德·莱文（Gerald M. Levin）都知道将会遇到问题，因为两家公司有着截然不同的价值观。从一开始，他们就坚持要"小心谨慎地就两家公司的价值观达成合理的妥协"。在当时，这场收购似乎颇具意义，因为一家是全球最大的娱乐公司，一家是互联网领域最为成功的品牌，两者的合并是强强联合。对于美国在线而言，这笔交易代表着他们可以使用宽带网络来替换拨号上网的商业模式。对时代华纳来说，他们希望将美国在线的2 000万互联网订阅者纳入自己的娱乐消费者队伍。史蒂夫·凯斯声称："这是一种完美的组合。我们可以充分利用媒体、娱乐和沟通的协力，没有哪家公司可以做得更好。"

但是,凯斯和莱文应该更仔细地分析并购案发布会现场具有的象征意义。凯斯西装革履,系着领带,而莱文衬衣领子处的纽扣都没有扣。这原本是一种刻意的设计,用于显示此次联合的是两家截然不同的公司。但事实上,它让人从中看到一丝端倪,即刻板拘泥的时代华纳和轻松随意的美国在线公司之间,将存在众多的文化冲突。美国在线和时代华纳公司应该更加周全地考虑他们是否能真正地成为一个整体。这场昂贵的冒险让新公司背负上了沉重的债务,被视为美国历史上最欠考虑的企业合并案之一。

但是,幸存下来的公司设法取得了最好的结果。2002 年,沃顿商学院市场营销学教授乔舒亚·伊莱夏伯克(Joshua Eliashberg)曾预测:"美国在线-时代华纳公司显然不会存活。如果对方公司的核心能力与自己的核心能力相差甚远,你就不能决定去收购它。"但是,最坏的情况显然并未发生。事实上,尽管时代华纳公司并没有让美国在线按照最初预期接入宽带,一旦互联网广告从大崩溃的谷底反弹,美国在线就为时代华纳公司的盈利作出了积极的贡献。尽管该公司的股价依然低迷,但该公司的销售额自 2002 年的互联网泡沫破裂起就在多元化娱乐业中排名第二,仅次于迪士尼公司,而且两者差距不大。对于一家因为并购差点殒命的公司而言,这种业绩并不算不差。通过两家公司之间的试错和大量的沟通,公司领导人已经成功地树立了可行的文化。

文化变革的可靠预测指标

所有的公司都必须响应市场的变化,因此都应该预料到自身的文化基础也会发生改变。领导人必须懂得如何成功地管理文化转变,同时在市场变化和新趋势出现时维持其文化根基。成功实施文化变化的公司具有一些显著的共同特征。但是,根据我的经验,在调整部分公司文化传统,以求努力发展的同时,多数公司会忽视一些指导原则。

　　如果领导人只想充分利用现行文化的优势,他的工作相对会轻松一些。当组织的生死存亡取决于彻底改变公司一直以来的规范和优先事项时,他将面临严峻的挑战。当时,在后一种情况下,保持公司文化中的部分价值观,有助于维护团结。2003 年,在哥伦比亚号航天飞机失事之后,美国国家航空航天局(NASA)意识到他们必须改变一种文化,即高层人员无一例外地不愿意听到坏消息。加利福尼亚州奥哈伊市(Ojai)的行为科学技术公司(Behavioral Science Technology Inc.)对 NASA 的员工进行了一次调查。调查显示:"安全是 NASA 员工在观念上致力的原则,但 NASA 并没有具体化这种自己最重视的价值观。"调查发现,不向上报告问题的原因在于,大家担心,汇报一些可能给 NASA 带来负面影响的事情,会导致自己的职业发展停滞不前。NASA 启动了一个项目,其中包括 1 对 1 的教练、360 度绩效评估、数据导向型干预,以求发现组织中存在的障碍。NASA 取得了一定的进步,因为人人感觉他们有着共同的目的,而不是与文化中的价值观进行斗争。

　　看到领导人信任自己时,员工会更加努力工作。如果设计了一个旨在推动组织更走近市场或满足新兴客户需求的项目,那么这就是确保他们认真执行该项目的惟一方法。对员工进行投资的公司将看到生产力的更大提高。在 2003 年针对 3 000 家公司进行的研究中,宾夕法尼亚大学(University of Pennsylvania)的研究者发现,设备改良方面的投入可以将生产力提高 4%,若将同等资金投入人力资源,生产力的改善将是这个数字的 2 倍多。如果员工感觉自己的价值被公司低估,他为什么要义无反顾、竭尽全力去适应变革呢? 只有当员工感觉自己得到重视,他才会在客户的心中营造前北欧航空公司(Scandinavian Airlines)CEO 詹·卡尔森(Jan Carlzon)所称的"关键时刻"。他说服员工们相信,每次与顾客之间的短短 10 秒钟交流都是一个营造关键时刻的机会,从而拯救了一家濒临破产的航空公司。每天会有数百万这种时刻,它们是"每天上百万次留下美好印象"的机会。

　　不管是利用私人交往,还是借助政策行动来影响全公司的员工,通过沟通新思想和新行为,所有组织的领导人都有机会创造那种关键时刻。员工们必须懂得文化变革的需求,然后才会朝着目标迈出第一步。建立有效的大众沟通渠道,保持与员工和顾客的联系,并且始终表达自己对他们的需求的理解,这是至关重要的。

关注文化间的差异也是非常重要的。多项研究显示,在法国,领导人看重他们的自主权。在谈到自身工作的最妙处时,2/3 的法国企业领导人提到了"能够在最小的干涉下自由作出决策",相比之下持有这种想法的英国企业领导人只有 39%。70% 的英国领导人认为,自身工作的最妙处之一是"在公司内培养人才",但只有 14% 的法国领导人这样看。这些差异就像是电视屏幕,可能会常常扭曲讯息,由此产生错误的假设,尤其是在虚拟沟通盛行的当下。

就众多成功的公司而言,文化是裁剪得体的,能鼓励某种产出。在苹果电脑公司,员工上班的着装可以随心所欲,即使他们是男性。还有什么其他方式能够更好地体现他们突破常规、无拘无束的思想呢? 这也以某种方式体现于公司引发轰动的消费产品,比如 iPod。iPod 是一种欣赏音乐的全新方式。

戴尔电脑公司也树立了富有创意的稳定文化。为了确保高管层不断探寻新点子,公司创始人迈克尔·戴尔(Michael Dell)在业务部门达到一定规模时就将它一分为二。他笃信,如果领导人把注意力聚焦于大谜团的细小部分,更有可能发现具有潜力的创新。戴尔公司子公司 GEN3 Partners 的联合创始人迈克尔·崔西(Michael Treacy)称,这种方式"缩窄了每位高管的关注,他们由此可以在创新之路上走得更远"。通过这种方式,戴尔公司避免了令众多公司头疼的发展"规模过大"问题。

官僚主义向来是自我滋养,当越来越多的人需要管理时会极速发展。对规则的需求加大时,创新的激励因素就会受影响。不管公司或业务部门的规模如何,领导人应该确保文化得到人们的认同和遵守,确保文化架构能推动公司所鼓励的目标。

本章小结

1. 让组织的目的可信。要在竞争中领先并保持竞争优势，员工需要一个相信的理由，公司需要一个目的。公司文化的价值观和原则必须体现这两者。

2. 为变革找到理由。当市场力量、竞争和顾客需求导致公司必须变革时，要仔细地解释所发生的情况。人们懂得树立新愿景、改用新经营方式的必要性，才会支持变革。

3. 以传统为基础。为了促使员工理解你为组织设定的方向，尊重组织原来的文化，以该文化为基础，并创造一些新内容。

4. 面对面的沟通。文化的发展并非易事。领导人要亲自不断地沟通。在大型跨国组织内，各国之间的差异可能让信息的理解失真，因为人们在期望值、对权威的态度、团队沟通的方式、领导方法等众多方面存在差异。不同地点之间的差异可能与不同职能部门和专业之间的差异一样大。科学家与市场人员的思维方式不一样。领导人应该经常亲自进行沟通，辅以电子邮件、电话和视频会议，以减小差异的影响。

5. 测试变革的能力。了解自身组织在变革方面的能力。公司可以完成多少变革？速度如何？可以在公司内的哪一部分人身上完成？不要试图采用由上至下的方式来发布指令。发布新愿景，让人们一起努力，在已经建立的界线内发现更好的、全新的行为。

6. 要有耐心。变革所需要的时间和精力会超出你的预期，但不要因此气馁。创造价值需要投入时间。

结语:建立信任——新的领导力准则

公司不知道他们所面对的审查已经更为严格了。

——迈克尔·波特(Michaeal Porter),哈佛商学院教授

太阳微系统公司内没有人希望公司只是一家拥有伟大技术的优秀企业。我们同时也希望公司是一家好公司——我们相信自己可以改变地球。

——乔纳森·施瓦兹,太阳微系统公司 CEO

我希望,安然公司案的有罪裁决,标志着企业最高层领导人滥用职权和道德缺失的时代的终结。若如此,那么这份裁决来得正是时候。众多调查显示,商业中的信任度正在下滑。2006 年 1 月,新泽西州普林斯顿市的欧维希市场研究公司(Opinion Research Corporation)针对美国的成人投资者进行了一次调查。调查发现,只有 39% 的投资者相信 CEO 会遵循商业道德行为标准,这个数字相比上一年度的 47% 有所下滑。

我相信,我们正在进入一个全新的企业时代。只要给予人们理由去相信企业的贪婪之心正在被企业的责任感所替代,信任将替代人们感觉到的不诚实。商业领导人要齐心协力改变企业版图,只有那样,我们才会

开始看到公众观点的改变。

当今的信息环境只会让挑战更为艰巨。新闻会快速在全球传播。过去几年里,轻微违反法律或道德的行为能逃过大家的视线。现在,这种行为无处可藏。正如世达律师事务所(Skadden Arps)的托马斯·多尔蒂(Thomas Dougherty)所说的:"即时通讯技术把个体变为了利益团体,把利益团体变成了互联网上的压力集团。"因此,企业领导人如果想要带领公司走向成功,就必须重点关注如何建立信任,意识到每个利益相关团体每天都在对你进行评判。只有根据个人和企业的价值观来进行决策,你才有可能获得公众的信任和合作。

建立信任有一套领导力准则,由个人价值观和具体行动组成。它可以划分为 8 个清晰的部分:

1. 建立个人的领导力品牌,并向整个组织传播你的价值观。一定要身体力行,并向他人明确表述你对他们的期望。

2. 对利益相关者保持坦诚,尤其在出现问题时,即使那意味着你要说出一些自己不太想说的东西。不要过高承诺,拒绝描绘美好图画的诱惑。确保自己的表述坦诚直接,并且树立切合实际的期望。开诚布公。最重要的是对自己保持诚实,即在告知他人难以接受的真相时要让自己明白这些内容。

3. 不管是对员工、顾客还是批评者,多听少说。你可以学习他们不同的观点,并确保自己了解组织内的真实情况。

4. 提升自己对公司治理的承诺,包括遵纪守法、董事会的独立性,以及股东之外的服务。向投资者证实你已经做好准备,你的行为将超越《萨班斯-奥克斯利法案》和其他新法规的强制性要求。

5. 乐于承担公司对所在社区的责任,帮助那些公司应该承担特别的责任来援助的人。

6. 加入与政策制定者的对话,并且利用自身的经验、知识和行动来影响讨论。

7. 在所处行业内建立合作关系。你的公司不可能在方方面面都是专家,它可以借助他人的经验。

8. 尊重自身的文化根源。尤其在对过去的业务重点进行彻底改变时,要保留根深蒂固的基本价值观。这是取得成功的关键要素。

不是每位成功的企业领导人都能完美无瑕地遵循以上每条要求,而且肯定多数人不能时刻准确无误地加以践行。本书重点介绍的那些商业领袖,也是其中数条做得很好,其他方面差强人意。但是,所有这些有关信任的要求是一种新的责任,将引领我们走向信任企业领导力的新时代。一些商业人士树立道德和业绩高标准,并加以实现,由此脱颖而出。另一些商业人士由于荒诞不经,而遭到媒体的嘲笑。可以肯定,世界上还存在其他一些能充分体现自我约束和责任心的商业人士,只是他们没有得到那么多的媒体关注。

领导人奉行这些要求并不是为了得到人们的喜爱,赚得个人声誉,或者为了避免囹圄之灾,而是因为赢得利益相关者的信任已经变得前所未有地重要,是打造成功企业的必要条件。据沃顿商学院教授托马斯·唐纳森(Thomas Donaldson)称,"实证研究证实,拥有良好道德信誉的公司能吸引和保留更优秀的员工,顾客和供应商也更喜欢诚实守信的企业,当员工对公司的道德体系拥有良好的印象时,他们也会更忠诚。"唐纳森指出,过去 20 年来,"大量文献详细介绍了在多种形式的商业交往中,信任的缺失意味着利润的损失,对各方都不利。"

商业人士所处的新气候要求他们拥有新的领导力准则,从不同的角度来思考高管的工作。如果要获得成功,商业领导人必须承担起更多的责任。由于信任成为成功领导力的新口号,那些能接纳这种新观点且为之努力的人,将更有可能实现个人的成功和企业的绩效。

致 谢

　　在此,我感谢很多人给予我的鼓励与支持,其中包括数位商界领导者与我的客户,他们慷慨拨冗与我见面或通话,包括:诺华制药公司的丹尼尔·魏思乐(Daniel Vasella);泰科公司的艾德·布里恩(Ed Breen)与埃里克·皮尔莫(Eric Pillmore);先灵葆雅公司的弗里德·哈桑(Fred Hassan)和肯·班塔(Ken Banta);《纽约时报》的小亚瑟·苏茨伯格(Arthur Sulzberger, Jr);高盛集团的罗伯特·霍马茨(Robert Hormats);英国石油公司的尼克·巴特勒(Nick Butler)和李·爱德华兹(Lee Edwards);施乐公司的朗达·西格尔(Rhonda Seegal);思科公司的丹·沙因曼(Dan Scheinman);瑞银集团的大卫·汉德勒(David Handler);通用电气公司的本·海涅曼(Ben Heineman);金宝汤公司的卡尔·约翰森(Carl Johnson);扬·罗比凯集团的谢利·戴蒙德(Shelly Diamond)。他们开诚布公,坦言自己的信念,阐述自己的价值观,畅言自身面临的挑战。他们的故事正是此书的基石。

　　数位人士在研究方面为我提供了重要帮助,特别感谢南希·谢泼德森(Nancy Shepherdson)。亚当·斯奈德(Adam Snyder)是一位难得的同事,他的努力是本书主题形成的重要基础。安吉拉·斯普伊尔(Angela Spruill)以出色的工作协助我,确保了此书撰写的顺利进行,以及按时完成。我的家人,尤其是我的丈夫扎克,审阅书稿并给予大量反馈。我的弟弟彼得·费恩(Peter Finn)最初建议我考虑撰写此书,我的父亲大卫·费恩(David Finn)一生向我强调价值观对于商业的重要性。

最后,我感谢琳达·康纳(Linda Conner)的引荐,使我得以结识优秀的圣·马丁团队,尤其是我的编辑费尔·雷夫津(Phil Revzin),他的尖锐笔锋与敏捷思维对本书贡献巨大。

我感激所有人的投入和指导。

作者介绍

步春歌(Kathy Bloomgarden),罗德公关公司首席执行官。拥有超过30年的公关领域工作经验,曾为诺华制药、花旗银行、BP集团、惠普、辉瑞、微软和百事可乐等众多跨国公司提供咨询服务。她被公认为全球企业信誉管理的专家,专长于构建企业的意见领袖、领导定位、兼并收购及管理层重组、内部沟通和创建全球性合作平台等方面。

在步春歌的领导下,罗德公关已经成为全球最大的独立公关公司之一,专注于四大支柱服务领域:科技与创新、企业传播与公众信任、健康和医疗以及消费者生活方式。

步春歌的创新意识和企业家精神带领着罗德公关在不少新兴市场里破风斩浪,在中国市场和数字媒体领域的表现格外突出。20年前步春歌带领罗德公关进入中国,如今罗德公关已在中国开办了4个分公司,拥有超过100家跨国公司和大型国有企业的客户群。罗德公关还与清华大学合作,在国内推出首个企业社会责任项目,为企业社会责任在中国的推进和教育作出积极的贡献。

步春歌全力推动了罗德互动的成长,并将其扩建成为公关行业内最大的专属数字媒体团队。罗德互动(RFI, Ruder Finn Interactive Studio)在美国极负盛名,并计划于2011年正式进入中国市场。

步春歌是美国外交关系委员会董事,纽约城市合作伙伴机构董事,美国国立卫生研究院创始人之一。她撰写了《创建信任:高效商业领导者的秘密武器》一书。步春歌经常在世界级活动上阐述其对公关行业的观点,如达沃斯世界经济论坛,《财富》杂志CEO峰会,最具影响力女性峰会以及阿斯彭研究所头脑风暴论坛。2011年8月,步春歌被委任为纽约市城市合作伙伴机构董事,为纽约州提供发展策略和执行意见,旨在使纽约成为一座理想的居住和工作的城市。

步春歌拥有布朗大学的学士学位,哥伦比亚大学政治学硕士和博士学位。她法语流利,能在工作中运用中文、意大利语,还会基本的德语和俄语。

关于罗德公关

　　罗德公关公司成立于1948年,是世界上最大的独立整合传播公司之一,在美国和欧洲以及亚洲的北京、上海、广州、香港、新加坡、新德里和孟买都设有分公司。凭借广泛的全球服务网络以及丰富的合作伙伴资源,罗德公关为超过250家企业、政府机构和非盈利组织提供全方位、多元化的传播服务,涉及消费产品的营销、企业形象与声誉管理、企业社会责任、社会化媒体以及危机管理等。

　　在过去的60多年里,"罗德公关"的名字一直是"卓越传播"的象征。公司的全球发展以四大支柱业务为策略重点,包括健康和医疗、科技与创新、消费者生活方式以及企业传播与公众信任。在罗德亚洲,"健康和医疗"战略平台的客户包括 GE 中国医疗集团、美赞臣、诺华、辉瑞、罗氏、赛诺菲以及 Weight Watchers。"企业传播与公众信任"战略平台的客户包括:欧莱雅、米其林、波音、博世、大众汽车、中信银行、新加坡经济发展局、Visa、朗盛、欧姆龙以及嘉士伯。"消费者生活方式"战略平台覆盖了历峰集团旗下的卡地亚、路威酩轩奢侈品集团旗下的纪梵希,还包括爱马仕、B&O、兰博基尼、雷克萨斯、Tod's 集团、百年灵和卓美亚集团。"科技与创新"战略平台的客户包括 DHL、阿联酋航空、豪客比奇、美国电气和电子工程师协会以及联系新加坡等。罗德的智库(Insight)、互动传播(Interactive)和企业社会责任(CSR)三大战略团队,为以上四大业务板块提供了强大的信息支持,包括市场情报收集、调研和发展趋势研究,成功发布《中国奢华品报告》以及与清华大学合作的《企业社会责任指数报告》等。要获取更多信息,请登录 www.ruderfinn.com 或 www.ruderfinnasia.com,或中文网站 http://cn.ruderfinnasia.com。

图书在版编目(CIP)数据

创建信任:高效能商业领导者的秘密武器/(美)
步春歌著;谢真真,邹晗霆,粟之敦译. —上海:上海
社会科学院出版社,2013
书名原文:Trust:the secret weapon of effective business leaders
ISBN 978 - 7 - 5520 - 0238 - 6

Ⅰ. ①创… Ⅱ. ①步… ②谢… ③邹… ④粟…
Ⅲ. ①企业领导学 Ⅳ. ①F272.91

中国版本图书馆 CIP 数据核字(2013)第 043165 号

图字:09-2012-637

创建信任:高效能商业领导者的秘密武器

著　　者:[美]步春歌
译　　者:谢真真　邹晗霆　粟之敦
责任编辑:应韶荃(vesselbooks@163.com)
封面设计:李　廉
出版发行:上海社会科学院出版社
　　　　　上海淮海中路 622 弄 7 号　电话 63875741　邮编 200020
　　　　　http://www. sassp. org. cn　E-mail:sassp@sass. org. cn
经　　销:新华书店
照　　排:南京理工出版信息技术有限公司
印　　刷:上海信老印刷厂
开　　本:787×1092 毫米　1/16 开
印　　张:11.5
插　　页:2
字　　数:160 千字
版　　次:2013 年 4 月第 1 版　2013 年 4 月第 1 次印刷

ISBN 978 - 7 - 5520 - 0238 - 6/F・168　　　　定价:32.00 元